现代人力资源管理创新与发展研究

刘 雪 著

吉林人民出版社

图书在版编目（CIP）数据

现代人力资源管理创新与发展研究 / 刘雪著. -- 长春:吉林人民出版社, 2023.7

ISBN 978-7-206-20549-1

Ⅰ.①现… Ⅱ.①刘…Ⅲ.①人力资源管理—研究 Ⅳ.①F243

中国版本图书馆 CIP 数据核字(2023)第198671号

现代人力资源管理创新与发展研究

XIANDAI RENLI ZIYUAN GUANLI CHUANGXIN YU FAZHAN YANJIU

著　　者：刘　雪

责任编辑：赵梁爽　　　　封面设计：张田田

出版发行：吉林人民出版社（长春市人民大街 7548 号　邮政编码：130022）

印　　刷：河北创联印刷有限公司

开　　本：787mm×1092mm　1/16

印　　张：11.25　　　　字　　数：180千字

标准书号：ISBN 978-7-206-20549-1

版　　次：2023年7月第1版　　　　印　　次：2023年7月第1次印刷

定　　价：68.00元

前　言

人力资源管理这一概念出现之前，人们称之为人事管理。人事管理与生产、营销、财务管理等同为工商企业管理中不可或缺的基本管理职能之一，但由于早期人事管理工作主要是较简单的、行政事务性的、低技术性的内容，因此一直被忽视。随着企业内外环境的变化，这项工作的作用日渐重要起来，于是人事管理逐渐被人力资源管理所代替。

随着人类进入知识经济时代，人力资源成为实现组织目标的首要保证。知识经济的特点是知识经济化、经济知识化、知识—经济一体化和知识产业化，而这一切需要以人为载体，所以人力资源成为组织的第一资源。

人力资源管理是我国很多经济管理类专业都要开设的必修课程，它广泛融合了管理学、经济学、心理学、组织行为学等多学科的主要理论，系统阐述在组织经营管理中应当如何做好“人”的工作，从人力资源规划、招聘、配置、培训、绩效考评等诸多方面做好相关工作，为组织充分调动人的工作积极性、实现人的潜能的巨大发挥贡献理论和实践经验。

本书主要通过七章内容来对现代人力资源管理问题进行分析与研究。第一章介绍了人力资源管理的概念，第二章分析了人力资源规划与开发的原理，第三章介绍了人员招聘与甄选，第四章论述了绩效考核与绩效管理，第五章分析了人力资源的薪酬与福利管理，第六章探究了基于创新理念下的薪酬体系设计与绩效管理，第七章分析了网络时代人力资源管理模式发展与创新探究。

由于笔者水平有限，书中难免存在不足之处，敬请广大读者朋友批评指正。

刘雪

2023 年 9 月

目　录

第一章　人力资源管理的概念

第一节　人力资源

一、人力资源的基本概念

在学术上，“人力资源”最早是由美国著名管理学家彼得·德鲁克于1954年在著名的《管理实践》一书中提出来的。在该著作中，德鲁克引入了“人力资源”的概念，并且指出人力资源与其他所有资源相比，最重要的区别就是主体是人，并且是管理者必须考虑的具有“特殊资产”的资源，也是最为未有效使用的资源。

在国内，许多专家和学者对于人力资源也给出了明确的定义。如郑绍濂认为，人力资源是“能够推动整个经济和社会发展的、具有智力劳动和体力劳动能力的人们的总和”。

我们认为，人力资源是指从事组织特定工作活动所需的并能被组织所利用的所有体力和脑力劳动的总和。它既包括现实的人力资源，即现在就可以使用的、由劳动适龄人口中除因病残而永久丧失劳动能力外的绝大多数适龄劳动人口和老年人口中具有一定劳动能力的人口构成的人力资源；也包括潜在的人力资源，即现在还不能使用但未来可使用的、主要由未成年人口组成的人力资源。

人力资源质量表现为以下几方面：①体力，即劳动力的身体素质，包括健康状况、营养状况以及耐力、力量、敏捷性等体能素质；②智力，即劳动力的智力素质，包括智力、记忆力、理解力、判断力、想象力及逻辑思维能力等；③知识技能，即劳动者的文化知识素质，它以教育程度、技能水平等来衡量；④劳动态度，即劳动者的劳动价值观及职业道德，如劳动动机、劳动态度、劳动责任心等。

人力资源数量和质量是密切相关的两方面，一个国家和地区的人力资源丰富程度不仅要用数量来计量，而且要用质量来评价。对于一个企业而言，人力资源的数量是基础，质量是关键。企业需要在人力资源规模上谋求一定的规模效益，但在规模达到一定程度之后要把着力点迅速转移到提高人力资源的质量上来。尤其在当今知识经济背景下，人力资源的质量远比数量重要。人力资源的质量对于数量有较强的替代性，而数量对于质量的替代作用则较弱，有时甚至无法替代。

二、人力资源与其他相关概念的关系

人力资源概念与人口资源、劳动力资源和人才资源等概念相关。

人口资源，是指一个国家或地区的人口总和，它是其他有关人的资源的基础，表现为一个数量概念。

劳动力资源，是指一个国家或地区具有劳动能力并在劳动年龄范围内的人口总和，即人口资源中拥有劳动能力并在法定劳动年龄段的那一部分。

人才资源，是指一个国家或地区中具有较强的专业技术能力、创造能力、管理能力和研究能力的人的总称，它是人力资源中的高端人群。

相比之下，人力资源强调人们所具有的劳动能力，它超过了劳动力的资源范围，涵盖了全部人口中所有具有劳动力的人口，包括现实的和潜在的劳动力资源。

人口资源、人力资源、劳动力资源和人才资源四者之间存在包含关系和数量基础关系，人口资源和劳动力资源侧重于人的数量和劳动者数量。人才资源突出人口的质量，而人力资源强调人口数量和质量的统一。

三、人力资源的基本特征

由于人本身所具有的生物性、能动性、智力性和社会性，决定了人力资源具有以下基本特征。

（一）人力资源的能动性

人力资源的首要特征是能动性，是与其他一切资源最本质的区别。一切经济活动首先都是人的活动，由人的活动才引发、控制、带动了其他资源的活动。自然资源、物质资源及人力资源等在被开发的过程中完全处于被动的地位，而人力资源的开发与利用，是通过拥有者自身的活动来完成的，具有能动性。这种能动性主要表现在人们的自我强化、选择职业和劳动的积极性等方面。人的自我强化，是指人通过学习能够提高自身的素质和能力，可以通过努力学习、锻炼身体等自身积极行为，使自己获得更高的劳动能力。人力资源通过市场来调节，选择职业是人力资源主动与其他资源结合的过程。积极劳动或劳动积极性的发挥是人力资源发挥潜能的决定性因素。因此，开发和管理人力资源不仅要关注数量、质量等外在性问题，也要重视如何调动人的主观能动性，发挥人的劳动积极性等问题。

（二）人力资源的再生性

人力资源的再生性不同于一般生物资源的再生性，除了遵守一般生物学规律之外，它还受人类意识的支配和人类活动的影响。从这个意义上来说，人力资源要实现自我补偿、自我更新、持续开发，就要求人力资源的开发与管理注重终身教育，加强后期的培训与开发。

（三）人力资源的角色两重性

人力资源既是投资的结果，又能创造财富；或者说，它既是生产者，又是消费者，具有角色两重性。人力资源的投资来源于个人和社会两方面，包括教育培训、卫生健康等。人力资源质量的高低，完全取决于投资的程度。人力资源投资是一种消费行为，并且这种消费行为是必需的，先于人力资本的收益。研究证明，人力资源的投资具有高增值性，无论从社会还是从个人角度看，都远远大于对其他资源投资所产生的收益。

（四）人力资源的社会性

人处在一定的社会之中，人力资源的形成、配置、利用、开发是通过社会分工来完成的，是以社会的存在为前提条件的。人力资源的社会性，主要表现为人与人之间的交往及由此产生的千丝万缕的联系。人力资源开发的核心，在于提高个体的素质，因为每一个个体素质的提高，必将形成高水平的人力资源质量。但是，在现代社会中，在高度社会化大生产的条件下，个体要通过一定的群体来发挥作用，合理的群体组织结构有助于个体的成长及高效地发挥作用，不合理的群体组织结构则会对个体构成压制。群体组织结构在很大程度上又取决于社会环境，社会环境构成了人力资源的大背景，它通过群体组织直接或间接地影响人力资源开发，这就给人力资源管理提出了要求：既要注重人与人、人与团体、人与社会的关系协调，又要注重组织中团队建设的重要性。

第二节 人力资源管理

一、人力资源管理的含义

人力资源管理是指根据企业发展战略的要求，有计划地对人力资源进行合理配置，通过对企业中员工的招聘、培训、使用、考核、激励、调整等一系列过程，调动员工的积极性，发挥员工的潜能，为企业创造价值，确保企业战略目标的实现。这些活动主要包括企业人力资源战略的制定、员工的招募与选拔、培训与开发、绩效管理、薪酬管理、员工流动管理、员工关系管理、员工安全与健康管理等。人力资源管理的内涵至少包括以下内容：一是任何形式的人力资源开发与管理都是为了实现一定的目标，如个人家庭投资的预期收益最大化、企业经营效益最大化及社会人力资源配置最优化。二是人力资源管理只有充分有效地运用计划、组织、指挥、协调和控制等现代管理手段才能达到人力资源管理目标。三是人力资源管理主要研究人与人关系的利益调整、个人的利益取舍、人与事的配合、人力资源潜力的开发、工作效率和效益的提高以及实现人力资源管理效益的相关理论、方法、工具和技术。四是人力资源管理并不是单一的管理行为，必须将相关管理手段相互配合才能取得理想的效果。

人力资源管理的基本任务是根据企业发展的战略要求，吸引、保留、激励与开发企业所需人力资源，促成企业目标实现，从而使企业在市场竞争中得以生存和发展。具体表现为求才、用才、育才、激才、护才和留才。

二、人力资源管理的功能

人力资源管理是以人为对象的管理，在某种意义和程度上，至少涉及以下五种功能。

（1）获取。根据组织目标，确认组织的工作要求及人数等条件，从而进行规划、招聘、考试、测评、选拔与委派。

（2）整合。通过企业文化、价值观和技能的培训，对已有员工进行有效整合，从而达到动态优化配置的目的，并致力于从事人的潜能的开发活动。

（3）保持。通过一系列薪酬、考核和晋升等管理活动，保持企业员工的稳定和有效工作的积极性以及安全健康的工作环境，增加其满意感，从而使其安心和满意地工作。

（4）评价。对员工工作表现、潜质和工作绩效进行评定和考核，为做出相应的奖惩、升降和去留等决策提供依据。

（5）发展。通过员工培训、工作丰富化、职业生涯规划与开发，促进员工的知识、技能和其他方面素质的提高，使其劳动能力得到增强和发挥，最大限度地实现其个人价值和对企业的贡献，达到员工个人和企业共同发展的目的。

三、人力资源管理的特征

从人力资源管理的含义中可以看出，人力资源管理具有以下五个明显的特征。

（1）综合性。人力资源管理是一门综合性的学科，需要考虑种种因素，如经济、政治、文化、组织、心理、生理、民族等。它涉及经济学、系统学、社会学、人类学、心理学、管理学、组织行为学等多种学科。

（2）实践性。人力资源管理的理论，来源于实际生活中对人的管理，是对这些经验的概括和总结，是现代社会化大生产高度发达，市场竞争全球化、白热化的产物。应该从我国实际出发，借鉴先进的人力资源管理的研究成果，解决我国人力资源管理的实际问题。

（3）民族性。人的行为深受其思想观念和感情的影响，而人的思想观念和感情则受民族文化的制约。因此，人力资源管理带有鲜明的民族特色。

（4）社会性。作为宏观文化环境的一部分，社会制度是民族文化之外的另一个重要因素。在影响劳动者工作积极性和工作效率的各因素中，生产关系和意识形态是两个重要因素，而它们都与社会制度密切相关。

（5）发展性。任何一种理论的形成都要经历一个漫长的时期，各个学科都不是封闭的、停滞的体系，而是开放的、发展的认识体系。随着其他相关学科的发展及人力资源管理学科本身不断出现新问题、新思想，人力资源管理正进入一个蓬勃发展的时期。

第三节　人力资源管理的渊源和演变

一、人力资源管理的渊源

人力资源管理源于人事管理，而人事管理的起源则可以追溯到非常久远的年代。18 世纪末，蒸汽机的改良与推广引发了工业革命，改变了以前家族制和手工行会制的生产方式，并出现大量的实行新工厂制度的企业。这些企业在日益激烈的竞争环境中发展壮大，成为 19 世纪初的时代特色。竞争与发展要求这些企业进一步扩大规模，但制约扩大规模的主要“瓶颈”却是企业主们以前从未遇到过的劳工问题，其产生的主要原因在于当时人们不喜欢也不习惯于工厂的劳动方式。工厂工作很单一，一年到头都得按时上班，接受新的监督制度和按机械速度劳动，以及时时刻刻都要全神贯注等，这导致企业很难找到足够的工人，尤其技术工人。上述劳动问题的解决措施导致福利人事概念的形成和发展。所谓福利人事，即由企业单方面提供或赞助的，旨在改善企业员工及其家庭成员的工作与生活的系列活动和措施。

同样关注劳工问题的泰勒认为，劳动组织方式和报酬体系是生产率问题的根本所在。他呼吁劳资双方都要进行一次全面的思想革命，以和平代替冲突，以合作代替争论，以齐心协力代替相互对立，以相互信任代替猜疑戒备。他建议劳资双方都将注意力从盈余分配转到盈余增加上，通过盈余增加，使劳资双方不再为如何分配而争吵。为此，泰勒提出了科学管理原则。泰勒的科学管理思想对人事管理概念的产生具有举足轻重的影响。一方面，它引起了人们对人事管理的关注，并推动了人事管理职能的发展；另一方面，科学管理宣扬管理分工，从而为人事管理职能的独立提供了依据和范例。福利人事与科学管理的融合使人们认识到，过去由一线管理人员直接负责招聘、挑选任命、培养、绩效考核、薪酬、奖励等工作的做法，已经不能适应企业组织规模扩大的现实，企业要做好对人的管理这项工作，必须有相应的专业人士，这为人事管理作为参谋部门而非直线部门的出现奠定了基础。

二、人事管理的演进

早期关于人事管理的论文经常发表在《年报》（*The annuals*）和《管理杂志》（*Engineering Magazine*）这两本杂志上。1916 年，《年报》出版专刊讨论了“工业管理中的人事和雇佣问题”。第一本以“人事管理”为书名的教科书出版于 1920 年。

20 世纪 30 年代的霍桑实验为人事管理的发展开拓了新的方向。霍桑实验证明，员工的生产率不仅受到工作设计和员工报酬的影响，而且受到社会和心理因素的影响。因此，有关工作中人的假设发生了变化，工业社会学、工业关系学、人际关系学和组织行为学等新学科应运而生，推动了人事管理的迅速发展，主要表现在以下几方面。

工业社会学将企业作为一个社会系统，研究组织化的员工问题，并强调社会相互作用，要求在各个组成部分之间保持平衡。当这一思想被运用于人事管理领域时，员工参与、工会与管理层合作、员工代表计划等便进入了人事管理研究者与实践者的视野。

工业关系学认为，管理层与工人在关于如何分配由先进的技术化社会所创造的盈余上存在必然的矛盾，而这种工业化冲突的解决不在于人际关系，在于克服管理层和有组织的工人之间的利益和意识形态上的冲突，工业化的和谐只有通过集体的讨价还价以及专业的工业关系专家参与才可能实现。因此，工业关系专家登上了人事管理的舞台，化解劳资冲突、集体谈判等又成为人事管理的职责。

人际关系学以管理应该更多地关心人而不是关心生产力为核心观点，强调管理的社会和人际技能而不是技术技能，强调通过团体和社会团结来重建人们的归属感，强调通过工会、参与领导以及将工厂中的正式组织与非正式组织集合起来使权力平均化。沟通成为人事管理的主要任务和必备技能，员工满意度成为衡量人事管理工作的重要标准。

组织行为学是在人际关系学的基础上形成的管理科学中的一门学科。它着眼于一定组织中的行为研究，重视人际关系、人的需要、人的作用和人力资源的开发利用。这一学科的出现对管理科学的发展产生了重要的影响，使其由以“事”与“物”为中心的管理发展到以“人”为中心的管理，由靠监督与纪律的管理发展到动机激发、行为引导的管理，由独裁式管理发展到参与式管理。它的应用成果得到了普遍的重视。进入20世纪六七十年代，西方涉及人事和工作场所的相关立法急剧增加，并且立法的关注点也从工会与管理层间的问题转向了员工关系。随着各项法律的出台，企业很快意识到，卷入与员工或雇佣有关的司法诉讼的花费巨大。于是，大量的律师走进了人事部，以规范直线经理管理行为的合法性，尽可能地为企业避免司法诉讼，承担起直接处理有关司法诉讼等人事管理的新职能。

20世纪80年代是组织持续而快速变革的时代，杠杆收购、兼并、剥离等事件层出不穷，人事管理也进入了企业的更高层次，从关注员工道德、工作满意度转变为关注组织的有效性。高级的人事主管开始参与、讨论有关企业未来发展方向、战略目标等问题，工作生活质量、工作团队组织、组织文化等成为人事管理的重要内容。

三、人力资源管理的发展与成熟

（一）西方人力资源管理的发展历史

西方学者对人力资源管理的发展阶段进行了深入研究，提出了各自的观点。典型的理论包括六阶段论、五阶段论、三阶段论和二阶段论，它们从不同的角度揭示了人力资源管理渐进发展的历史。

1. 六阶段论

以美国华盛顿大学的弗伦奇为代表，从管理的历史背景出发，将人力资源管理的发展划分为六个阶段。

第一阶段：科学管理运动阶段。

这一阶段以泰勒和吉尔布雷斯夫妇为代表，关注重点主要是工作分析、人员选拔、培训和报酬方案的制定以及管理者职责的划分。

第二阶段：工业福利运动阶段。

在此阶段，企业出现了福利部，设有社会秘书或福利秘书，专门负责员工福利方案的制定和实施，员工的待遇和报酬问题成为管理者关心的重要问题。

第三阶段：早期工业心理学阶段。

这一阶段，以心理学家雨果·芒斯特伯格等人为代表的心理学家的研究成果推动了人事管理工作的科学化进程。个人心理特点与工作绩效关系的研究、人员选拔预测效度的提出，使人事管理开始步入科学化的轨道。

第四阶段：人际关系运动阶段。

这一阶段的代表是梅奥等人，由他们发起的以霍桑实验为起源的人际关系运动掀起了整个管理学界的革命，也影响了人力资源管理。人力资源管理开始由以工作为中心转变为以人为中心，把人和组织看成社会系统。此阶段强调组织要理解员工的需要，这样才能让员工满意并提高生产效率。20 世纪三四十年代，美国企业管理界流行着一种“爱畜理论”，在爱畜牛奶公司的广告中说爱畜来自愉快的奶牛，因此品质优良。研究人员认为愉快的员工的生产效率会比较高，于是公司用郊游和员工餐厅等办法来试图改善员工的工作环境，提高士气，从而提高生产效率。实际上，这一理论夸大了员工情感和士气对生产效率的影响，最终实践表明，良好的人际关系可以提高生产效率的理念并不可靠。

第五阶段：劳工运动阶段。

雇佣者与被雇佣者的关系一直是人力资源管理的重要内容之一，从 1842 年美国马萨诸塞州最高法院对劳工争议案的判决开始，美国的工会运动快速发展；1869年就形成了全国的网络；1886年，美国劳工联合会成立；大萧条时期，工会也处于低潮；到1835年美国劳工法案，即瓦格纳法案的颁布，工会才重新兴盛起来。罢工现象此起彼伏，缩短工时、提高待遇的呼声越来越高，出现了集体谈判。到20世纪六七十年代，美国联邦政府和州政府连续颁布了一系列关于劳动和工人权利的法案，促进了劳工运动的发展，人力资源管理成为法律敏感行业。对工人权益的重视，成为组织内部人力资源管理的首要任务。

第六阶段：行为科学与组织理论时代。

进入20世纪80年代，组织管理的特点发生了变化，人的管理成为主要任务。从单个的人到组织，把个人放在组织中进行管理，强调文化和团队的作用，这成为人力资源管理的新特征。

2. 五阶段论

以罗兰和菲利斯为代表的学者则从管理发展的历史角度将人力资源管理的发展划分为五个阶段。

第一阶段：工业革命时代。

第二阶段：科学管理时代。

第三阶段：工业心理时代。

第四阶段：人际关系时代。

第五阶段：工作生活质量时代。

五阶段论中关于前四个阶段的划分与六阶段论是一样的。此观点的独特之处，是把工作生活质量作为一个独立的阶段提出来。工作生活质量一般有两种含义：一种是指一系列客观的组织条件及其实践，包括工作的多样化、工作的民主性、员工参与、工作的安全性等；另一种是指员工工作后产生的安全感、满意程度以及自身的成就感和发展感。第一种含义主要强调工作的客观状态，第二种含义主要强调员工的主观需要。将这两种含义结合起来，工作生活质量是指员工在工作中所产生的生理和心理健康的感觉。美国的一项调查研究表明，在辞职的打字员中，有 60% 是由于工作枯燥无聊，而不是因为工作任务繁重而辞职的。影响工作生活质量的因素有很多，为了提高员工的工作生活质量，企业可以采取一系列措施。

3. 三阶段论

这种观点的代表人物是福姆布龙、蒂奇和德兰纳，他们从人力资源管理所扮演的角色和所起的作用这一角度把人力资源管理的发展划分为三个阶段。

第一阶段：操作性角色阶段。在此阶段，人力资源管理的内容主要是一些简单的事务性工作，在管理中发挥的作用并不是很明显。

第二阶段：管理性角色阶段。人力资源管理在这一阶段开始成为企业职能管理的一部分，承担着相对独立的管理任务和职责。

第三阶段：战略性角色阶段。随着竞争的加剧，人力资源在企业中的作用越来越重要，人力资源管理开始被纳入企业的战略层次，要求从企业战略的角度来思考人力资源管理的相关问题。

4. 二阶段论

国内学者从人事管理和现代人力资源管理之间的差异性角度，将人力资源管理的发展历史划分为人事管理和人力资源管理两个阶段。

第一阶段：人事管理阶段。人事管理阶段又可具体分为以下几个阶段：科学管理阶段、霍桑实验和人际关系运动阶段、组织行为学理论的早期发展阶段。

第二阶段：人力资源管理阶段。人力资源管理是作为替代传统的人事管理的概念提出来的，它重在将人看作组织中一种重要资源来探讨如何对人力资源进行管理和控制，以提高人力资源的生产效率，帮助组织实现目标。人力资源管理阶段又可分为人力资源管理的提出和人力资源管理的发展两个阶段。对人力资源管理的发展阶段进行划分，目的并不在于这些阶段本身，而是要借助于这些阶段来把握人力资源管理的整个发展脉络，从而更加深入地理解它。因此，对于阶段的划分并没有绝对的标准和绝对的对错。

（二）人力资源管理的未来趋势

21 世纪，人类社会进入有史以来科技、经济和社会最快速发展的时期。高新技术迅猛发展，信息网络快速普及，对于所有的国家、民族和企业来说，既是一次难得的机遇，更是一场严峻的挑战，知识经济将改变每一个现代人的观念和意识。

1. 人力资源管理的地位日趋重要

现代企业经营战略的实质，就是在特定的环境下，为实现预定的目标而有效运用包括人力资源在内的各种资源的策略。有效的人力资源管理，将促进员工积极参与企业经营目标和战略，并把它们与个人目标结合起来，达到企业与员工“双赢”的状态。因此，人力资源管理将成为企业战略规划及战略管理不可分割的组成部分，而不再只是战略规划的执行过程，人力资源管理的战略性更加明显。

2. 人力资源管理的全球化与跨文化管理

组织的全球化，必然要求人力资源管理策略的全球化、人才流动的国际化，也就是说，企业要以全球的视野来选拔人才、看待人才的流动。尤其加入 WTO 后，我国所面对的是人才流动的国际化以及无国界；经济全球化、组织的全球化必然带来管理上的文化差异和文化管理问题，跨文化的人力资源管理已成为人力资源领域的热点问题，跨文化培训是解决这一问题的主要工具。

3. 动态化人力资源管理平台得到长足发展

随着全球化、信息化尤其网络化的发展，动态化网络人力资源管理已经出现并将成为未来人力资源管理的重要发展趋势。随着动态学习组织的发展，通过互联网来进行的组织职业开发活动将越来越多，大量的人力资源管理业务，如网络引智与网络招聘、网络员工培训、网络劳动关系管理等将会越来越成为现实。网络化人力资源管理的开展，必将在管理思想、管理职能、管理流程及管理模式上对传统人力资源管理产生重大影响，使人力资源管理面临日趋激烈的环境变化，人力资源管理的空间被极大拓展，人力资源管理的网络化竞争变得日趋激烈，人力资源管理的途径、方法和策略也随之进行必要的变革。

4. 员工客户化的趋势

员工客户化的关键是员工角色的变化，即员工不再是传统意义上的被管理对象，他们可能变成组织的重要客户。人力资源管理部经理也可能随之转变为“客户经理”，即为员工提供他们所需的各类服务，如具体而详尽地向员工说明组织的人力资源产品和服务方案，努力使员工接受组织的人力资源产品和服务。人力资源管理者要为员工提供富有竞争力的薪酬回报和多元化的价值分享体系，并且要给员工更大的自主选择权，使员工自主性工作，满足员工参与管理的主体意识。在管理措施方面，要为员工的发展和成长提供更多的支持和帮助。

5. 人力资源管理业务的外包和派遣

人力资源管理业务外包是指把原来由组织内部人力资源承担的基本职能，通过招标方，签约付费委托给市场上专门从事相关服务的组织。在经济全球化的冲击下，组织出于降低成本、希望获得专家的高级服务、获得更为广泛的信息以及促进组织人力资源管理的提升等目的，将人力资源管理业务进行外包。

第四节 现代人力资源管理与传统人事管理

传统人事管理指的是对人事关系的管理，一般是指人事部门作为组织内的职能部门所从事的日常事务性工作。人事管理过程包括“进、管、出”三个环节，人的调进调出被认为是传统人事管理的中心内容。

现代人力资源管理是指为了完成组织管理工作和总体目标，对人力资源的取得、开发、利用和保持等方面进行管理，以影响员工态度、行为和绩效，充分发挥人的潜能，提高工作效率，使人力、物力保持最佳比例，主要工作内容就是吸引、保留、激励和开发组织所需要的人力资源。

一、人事管理和人力资源管理的相同点

现代的人力资源管理是从人事管理发展而来的，两者之间有着一些相同之处。

（1）管理对象相同。两者都是对人的管理，具体来说是对人与人、人与事之间关系的管理。

（2）管理目的相同。两者都以组织目标的实现为目的，力求实现人、财、物的最佳配合。

（3）管理的某些内容相同。两者都涉及招聘录用、培训考勤、职务升降、考核奖惩、绩效管理、工资福利、档案管理、劳动关系和劳动合同等方面的管理。

（4）管理的某些方法相同。两者在管理过程中都会涉及制度、纪律、奖惩、培训等具体方法。

二、传统人事管理与人力资源管理的区别

现代的人力资源管理与传统人事管理在多方面都有所不同，主要体现在以下几方面。

（1）管理理念不同。传统的人事管理视人力为成本，同时人事部门属于非生产和非效益部门，不讲投入产出，成本意识淡薄。人力资源管理认为，人力资源是一切资源中最宝贵的资源，经过开发的人力资源可以升值增值，能给组织带来巨大的利润。人力资源管理部门则逐步变为生产部门和效益部门，讲究投入和产出，生产的产品就是合格的人才、人与事的匹配，追求的效益包括人才效益、经济效益和社会效益的统一，还包括近期效益和远期效益的统一。

（2）管理内容不同。传统的人事管理以事为中心，主要工作就是管理档案、人员调配、职务职称变动、工资调整等具体的事务性工作。即从事“发发工资，写写材料（档案、内勤、统计），调调配配，进进出出（员工招聘、补缺、离退休）”的日常工作。人力资源管理则以人为中心，将人作为一种重要资源加以开发、利用和管理，重点是开发人的潜能、激发人的活力，使员工能积极、主动、创造性地开展工作。

（3）管理方式不同。传统的人事管理主要采取制度控制和物质刺激手段。人力资源管理采取人性化管理，考虑人的情感、自尊与需求，以人为本，激励为主，惩罚为辅，多授权少命令，发挥每个人的特长，体现每个人的价值。

（4）管理策略不同。传统的人事管理侧重于近期或当前人事工作，就事论事，专注于眼前，缺乏长远思考，属于战术性管理。人力资源管理不

仅注重近期或当前具体事宜的解决，更注重人力资源的整体开发、预测与规划。根据组织的长远目标，制定人力资源的开发战略措施，属于战术与战略性相结合的管理。

（5）管理技术。技术比较单一。人力资源管理追求科学性和艺术性，不断采用新的技术和方法，完善考核系统、测评系统等科学手段。

三、人力资源管理的学科特点

（一）综合性

人力资源管理是一门相当复杂的综合性的学科，具有综合性、交叉性、边缘性的特点，无论是进行学术研究还是实际的管理实践活动，都会涉及社会学、人类学、经济学、管理学、系统学、心理学和环境工程学等多种学科的知识。

（二）社会性

由于人力资源的社会性、能动性等特点，决定了人们之间在共同的有目的的活动中不仅具有市场经济关系和社会心理关系，也具有法律和道德关系，这些关系不仅是以社会心理为基础，更是以经济和社会利益、责任、权利为纽带而联系起来的。因此，在共同劳动过程中的人作为社会的一分子，必须遵守社会与组织的法律法规，以保证这些关系的稳定并促进其改善。

第二章　现代人力资源规划与开发

第一节　现代人力资源规划原理

一、人力资源规划概述

（一）人力资源规划的含义

随着人力资源管理理论的兴起，人力资源规划也日益受到事业单位的重视。人力资源规划就是一个国家和组织科学地预测、分析自己在环境变化时人力资源的供给和需求状况，制定必要的政策和措施，以确保自身在需要的时间和需要的岗位上获得各种所需要的人才（包括数量和质量两方面），并使组织和个体得到长期的利益的规划。事业单位的人力资源规划，就是根据其发展目标，为贯彻落实事业单位的战略规划而制订的有关人力资源配置、流动、培训、升迁等方面的规划。人力资源规划与战略规划密切相关，两者形成一个有机的整体。

（二）人力资源规划的目标

人力资源规划是为了确保组织实现下列目标：

第一，得到和保持一定数量的具备特定技能、知识结构和能力的人员。

第二，充分利用现有人力资源。

第三，能够预测事业单位组织中潜在的人员过剩或人力不足的情况。

第四，建设一支训练有素、运作灵活的劳动力队伍，增强单位适应未知环境的能力。

第五，减少单位在关键技术环节对外部招聘的依赖性。

（三）人力资源规划的内容

人力资源规划包括两个层次，即总体规划与各项业务计划。人力资源总体规划是有关计划期内，人力资源开发利用的总目标、总政策、实施步骤及总预算的安排。人力资源规划所属业务计划包括人员补充计划、提升或降职计划、教育培训计划、薪资计划、人员使用计划、减员计划、劳动关系计划等。这些业务计划是总体规划的展开和具体化。

人力资源规划按其用途及时间幅度，可分为战略性的长期规划（5 年或 5 年以上）策略性的中期规划（2~5 年）和作业性的短期计划（1~2 年），它们与组织的其他规划相互协调、联系，既受制于其他规划，又为其他规划服务。人力资源规划是单位整个发展规划的重要组成部分，其首要前提是服从单位整体经济效益的需要。

在制订人力资源规划时，不管哪种规划，都必须与单位的战略目标相适应，只有这样，才能保证单位目标与单位资源的协调，保证人力资源规划的准确性和有效性。

人力资源规划主要包括以下几方面。

1. 晋升规划

晋升规划的实质就是根据组织的人员分布状况和层次结构，拟订人员的提升政策。它一般由晋升比率、平均年资、晋升时间等指标构成。

2. 补充规划

补充规划即拟订补充的政策，目的在于使单位能够合理、有目标地在中长期内把所需数量、质量、结构的人员填补到可能产生的职位空缺上。补充规划与晋升规划密切相关，因为晋升规划也是一种补充，只不过补充源在单位内部。晋升表现为单位内低职位向高职位的补充运动，运动的结果使职位空缺逐级向下推移，直至最低职位空缺产生，这时内部补充就需转化为外部补充。此外，补充规划与培训开发规划和配备规划也有类似的联系。

3. 培训开发规划

培训开发规划是为单位中长期发展所需要的一些职位准备人才，是围绕着改善配合关系而制订的。

4. 配备规划

配备规划表示中长期处于不同职位或工作类型的人员分布状况，它可解决下述问题：①当从事某种职务的人员需同时具备其他类型职务的经验知识时，就要进行有计划的水平流动。这意味着未来职务对人员质量要求高，若水平流动量小，则满足不了对人员质量的要求。②当上层职位较少而待提升人员较多，则通过配备规划增强流动，这样不仅可以减少对工作的不满，又可等待上层职位空缺的出现。③在超员情况下，通过配备规划可改变工作的分配方式，从而减少负担过重的职位数量。

5. 职业规划

职业规划是职业发展的一个子系统，它是规划一个人工作生活的人事程序。通过职业规划，把个人的职业发展与组织的发展结合起来，使两者的利益在发展过程中得到实现。人的职业发展要与组织发展对人的需求结合起来，脱离组织需求的个人职业发展必将导致人员的流失。

6. 薪酬规划

薪酬规划是为确保以最合理的成本吸引人才、留住人才，又不至于超过合理的支付界限导致约束组织的发展而事先进行财政预算控制的过程。

（四）人力资源规划的作用

1. 人力资源规划的战略作用

人力资源是组织最重要、最核心的资源，制约着组织的其他资源效益的发挥，是组织管理的重要依据，在组织中的角色已由被动地位转向组织发展战略伙伴的地位。将人力资源规划提升到组织发展战略的高度，与组织其他发展策略相结合，为组织人力资源管理提供了方向、指明了道路，可以保证从人这一组织最重要的资源方面协助组织各部门达成组织目标，提高组织工作绩效。

2. 人力资源规划的先导作用

人力资源规划具有前瞻性，通过对组织未来环境的预测，可以及时为组织人员的录用、晋升、培训、调整以及人工成本的控制等提供准确的信息和依据。人力资源最大的特点在于其供需刚性，从人力资源的供应而言，组织要寻觅到有助于组织发展的高层次人才，在人才竞争激烈的今天实属不易，而人的天赋、个性等较难改变，人的素养是个长期累进提高的过程，其事实又决定了组织培养自己现有的人才，使之合乎组织需要这一过程也是冰冻三尺，非一日之寒。人力资源规划由于能预先掌握组织发展对人才需求的动向，可以及早引导组织开展相应的人事工作，以免面对环境的变化措手不及。所以，人力资源规划可以把握组织的发展趋向，引导组织的人事决策，有助于组织帮助员工就此开展职业生涯设计和职业生涯发展计划。

3. 人力资源规划的保障作用

预测人力资源供求差异并调整差异，是人力资源规划的基本职能。组织的生存和发展与人力资源的结构、人员素质密切相关，人力资源规划为组织生存发展过程中对人力的需求从数量、质量、结构上提供了保障。对于一个动态的组织来说，组织的内外环境由于种种原因处在不断变动之中，外界环境的变化、组织内部人员的离职等都会造成人力资源的缺口及需求与供给的不平衡。这种缺口和人力资源需求和供给的不平衡不可能自动修复，人力资源规划可以通过分析供求间的差异，并采取适当的措施吸引和留住组织所需人员，以此调整这种差异，保障适时满足组织对人力资源的各种需求。

（五）人力资源规划的基本程序

人力资源规划是以组织对人力资源的需要为基础的，既包括对人力资源供给的确定，又包括对人力资源需求的确定。人力资源规划的过程可分为四个阶段：①收集、分析和预测信息，以便进行人力资源供给预测（并形成一个人力资源信息系统）和人力资源需求预测（并附加到人力资源信息中）；②建立人力资源目标和政策，并获得高层管理者的支持；③组织并执行为了达到人力资源目标而进行的招收、培训和晋升等活动设计方案；④控制和改善人力资源方案，以便组织达到人力资源规划的目标。

人力资源规划步骤第一阶段包括五方面，每一方面对于人力资源规划的成功都是很重要的，而第一步的人力资源分析是合理规划的基础。人力资源分析从核查组织目前拥有的人力资源和目前的工作岗位入手，这两个因素的分析对于组织确定其满足目前和未来的人力资源需求的能力来说都是必要的，缺一不可。

二、人力资源需求供给预测

（一）人力资源需求预测

1. 人力资源需求预测的含义

人力资源需求预测是指根据事业单位的发展规划和单位的内外条件，为实现既定目标选择适当的预测技术，对人力资源需要的数量、质量和结构进行预测。人力资源规划的目的是使组织的人力资源供需平衡，保证组织长期持续发展和员工个人利益的实现。

2. 人力资源需求预测的分类

人力资源需求预测可以分为现实人力资源需求预测、未来人力资源需求预测和未来流失人力资源需求预测。

（1）现实人力资源需求预测

现实人力资源需求预测主要包括根据工作分析的结果来确定职务编制和人员配置；对现有人力资源进行清点；根据以上统计结果与有关职能部门进行讨论，修正结论。

（2）未来人力资源需求预测

未来人力资源需求预测主要包括根据单位发展规划，确定各部门的工作量；根据工作量增长情况，确定需增加的职务和人数，并进行汇总统计，该统计结论即为未来人力资源需求。

（3）未来流失人力资源需求预测

未来流失人力资源需求预测主要包括对预测期内退休人员进行统计；根据市场变化，对未来可能发生的离职情况进行预测。

将现实人力资源需求、未来人力资源需求和未来流失人力资源需求汇总，即得到单位整体人力资源需求预测。

3. 科学运用人力资源需求预测的方法

由于经济全球化及信息技术的飞速发展，当今单位面临的内外部环境日趋复杂。如今，单位在进行人力资源需求预测时，考虑的往往不是单个因素的影响，而是多种因素的共同作用和相互影响。人力资源需求预测的方法总体上分为定性和定量两大类，下面介绍几种常用的分析方法。

（1）德尔菲法

德尔菲法又称专家调查法，它依据系统的程序，采用匿名发表意见的方式，即专家之间不得互相讨论，不得发生横向联系，经过多轮次调查专家对问卷所提问题的看法，经过反复归纳、征询、修改，最后汇总成基本一致的看法作为预测的结果。这种方法具有广泛的代表性，较为可靠。

德尔菲法一般采用问卷调查的形式，具体操作过程如下。首先，在单位内、外广泛选择各方面的专家，人力资源管理部门要通过对单位战略定位的审视，确定关键的预测方向、相关变量和难点，然后使用匿名填写问卷的方法，设计一套可以使各位专家自由表达自己观点的预测工具系统。其次，人力资源部门需要在每一轮预测后，将专家提出的意见进行归纳，并将综合结果反馈给他们，然后再进行下一轮预测。最后，通过多次反复，以达到在重大问题上取得较为一致的意见和看法。在预测过程中，人力资源部门应该为专家提供充足的信息，以便专家能够做出正确的判断。另外，所提出的问题应尽可能简单，以保证所有专家能够从相同的角度理解相关的概念。

德尔菲法的优点是，能充分发挥各位专家的作用，集思广益，准确性高；能把各位专家的分歧点表达出来，取各家之长，避各家之短；能够使专家独立地表达自己的意见，不受其他人的干扰。其缺点是过程比较复杂，花费时间较长。

（2）转换比率分析法

人力资源需求分析是要揭示未来经营活动所需要的各种员工的数量。转换比率分析法的目的是将单位的业务量转化为对人力的需求，是一种适合于短期需求预测的方法。

转换比率分析法的具体操作过程如下：首先估计组织中关键岗位所需的员工数量，其次根据这一数量估计辅助人员的数量，最后加总出单位的人力资源总需求。单位经营活动规模的计算公式为：经营活动 = 人力资源的数量 × 人均生产率。在使用这种方法将单位的业务量转换为对人力资源的需求量时，实际上是以组织过去的人力需求数量同某个影响因素的相互关系为依据，对未来的人力需求进行预测。以一所大学为例，当学生的数量增加一定的百分比时，教员的数量也需要相应地增加一定的百分比，否则就难以保证学校的教学质量。类似的还有根据过去销售额与销售人员数量的比率，预测未来的销售业务量对销售人员的需求，再根据销售人员对文秘人员的比率，预测未来的文秘人员需求量等。

应该注意的是，这种预测方法有两个特点：一是进行估计时需要对计划期内的业务增长量、目前人均业务量、生产率、增长率等进行较精确的估计；二是这种预测方法只考虑员工需求的总量，没有说明其中不同类别人员的情况。

（3）经验预测法

经验预测法是根据以往的经验进行预测，有些事业单位常采用这种方法做预测。例如，单位认为车间里一个管理者管理 10 个员工最佳，因此依据将来员工增加的数量就可以预测管理者的需求量。这种方法的优点是简便易行，通常用于普通的工作岗位；缺点是不够准确。

（二）人力资源供给预测

人力资源供给预测是人力资源预测的又一关键环节。只有进行人员拥有量预测，并把它与人员需求量相比之后，才能制定各种具体的规划。人力资源供给预测需要从组织内部和组织外部两方面进行。在供给分析中，要考察组织现有的人力资源存量，在假定人力资源政策不变的前提下，结合单位内外条件，对未来的人力资源供给数量进行预测。

1. 人力资源供给预测的步骤

第一，进行人力资源盘点，了解单位员工现状。

第二，分析单位的职务调整政策和历史员工调整数据，统计出员工调整的比例。

第三，向各部门的人事决策人了解可能出现的人事调整情况。

第四，将第二和第三步的情况汇总，得出单位内部人力资源供给预测。

第五，分析影响外部人力资源供给的地域性因素。

第六，分析影响外部人力资源供给的全国性因素。

第七，根据第五、第六步的分析，得出单位外部人力资源供给预测。

第八，将单位内部人力资源供给预测和单位外部人力资源供给预测汇总，得出单位人力资源供给预测。

2. 人力资源供给预测的方法

（1）内部供给预测

单位内部人力资源供给预测是单位满足未来人力资源新需求的基础，是人力资源的内部来源。内部供给分析的思路是：先确定各个工作岗位上现有员工的数量，然后估计下一个时期在每个工作岗位可能留存的员工数量，这就需要估计有多少员工将会调离原来的岗位或离开组织。由于实际情况比较复杂，如组织的职位安排会发生变化等，因此在进行预测时，需要依据管理人员的主观判断加以修正。常用的内部供给预测方法有以下几种。

技能清单：技能清单是用来反映员工工作能力特征的列表，这些特征包括培训背景、以前的经历、持有的证书、通过的考试、主要的能力评价等。技能清单是对员工竞争力的反映，可以帮助人力规划工作者估计现有员工调换工作岗位的可能性，决定哪些员工可以补充单位未来的职位空缺。人力资源规划不仅要保证为单位中空缺的工作岗位提供相应数量的员工，还要保证每个空缺都由合适的人员补充。因此，有必要建立员工的工作能力记录，其中包括基层操作员工的技能和管理人员的能力，包括这些技能和能力的种类及所达到的水平。

技能清单可以用于晋升人选的确定，管理人员接替计划的制定，以及对特殊项目的人员分配调动、培训、工资奖励、职业生涯规划、组织结构分析等。员工频繁调动的单位或经常组建临时性团队或项目组的单位，其技能清单应包括所有骨干员工，而那些主要强调管理人员接替计划的单位组织，技能清单可以只包括管理人员。

管理人员接替图：管理人员接替图也称职位置换卡，它记录各个管理人员的绩效、晋升的可能性和所需的训练等内容，由此决定有哪些人员可以补充单位的重要职位空缺。制订这一计划的过程是：对管理人员的状况进行调查、评估，列出未来可能的管理人员人选，又称管理者继承计划，该方法被认为是把人力资源规划和单位战略结合起来的一种较好的方法。管理人员替换模型主要涉及的内容：对主要管理者的总的评价；主要管理人员的现有绩效和潜力，发展计划中所有接替人员的现有绩效和潜力；其他关键职位上的现职人员的绩效、潜力及对其评定意见。

马尔可夫分析法：主要用于市场占有率的预测和销售期望利润的预测，也是组织内部人力资源供给预测的一种方法，用于具有相等时间间隔的时刻点上各类人员的分布状况。在具体运用中，假设给定时期内从低一级向上一级或从某一职位转移到另一职位的人数是起始时刻总人数的一个固定比例，即转移率一定，在给定各类人员起始人数、转移率和未来补充人数的条件下，就可以确定出各类人员的未来分布状况，做出人员供给的预测。这种分析方法通常通过流动可能性比例矩阵，来预测某一岗位上工作的人员流向组织内部另一岗位或离开的可能性。简言之，就是找出过去人事变动的规律，以此来推测未来的人事变动趋势。

（2）外部供给预测

当单位内部的人力供给无法满足需要时，单位就要分析单位外部的人力供给情况。一般来说，进行外部供给预测，应考虑以下几方面的因素。

宏观经济形势和失业率预期的影响：主要了解劳动力市场供给情况、判断预期失业率。一般来说，失业率越低，劳动力供给越紧张，招聘员工就越困难；失业率越高，劳动力供给越充足，招聘员工就越容易。相关数据可以参考各类统计资料和公开出版物。

地域性因素：单位所在地的人力资源整体现状、单位所在地的有效人力资源的供求现状、单位所在地对人才的吸引程度、单位薪酬对所在地人才的吸引程度、单位能够提供的各种福利对当地人才的吸引程度、单位本身对人才的吸引程度等。外部供给是由单位在劳动力市场采取的吸引活动引起的。所以，外部供给分析也需要研究单位可能吸引的潜在员工的数量、能力等因素。单位可以根据过去的招聘与录用经验，了解那些有可能进入组织的人员状况，以及这些潜在员工的工作能力和经验、性别和成本等方面的特征，从而掌握他们能够承担组织中的哪些工作。

劳动力市场状况的影响：劳动力市场是人力资源外部供给预测的一个重要因素，据此可以了解招聘某种专业人员的潜在可能性。有些机构定期为单位进行外部劳动力市场条件的预测和劳动力供给的估计。劳动力市场对单位人力资源外部供给预测有十分重要的影响，主要涉及以下几方面：劳动力供应的数量，劳动力供应的质量，劳动力对职业的选择，当地经济发展的现状与前景，为员工提供的工作岗位数量与层次，为员工提供的工作地点、工资、福利等。这种分析的主要意义在于为单位提供一个研究新员工的来源和他们进入单位方式的分析框架。

国家政策法规的影响：特别是国家的教育政策、产业政策、人力资源政策等，对人力资源供给的影响更大。对于一个国家来说，为了及时有效地供给人力资源，要从政策环境运行机制上努力培育劳动力和人才市场，完善劳动力和人才市场体系，健全各种必需的法律和法规，充分发挥劳动力或人才市场对人力资源的有效配置作用。

科学技术的发展：科学技术的发展，特别是互联网技术和电脑技术的迅速发展，对人力资源的外部供给产生很大影响。随着办公自动化的普及、中层管理人员大规模削减，有创造力的人员更显珍贵；科学技术的发展使人们从事生产的时间越来越少，闲暇时间越来越多，因此服务行业的劳动力需求就越来越大。

三、人力资源规划制订程序及信息系统

（一）人力资源规划制订程序

一般来说，人力资源规划的制订过程包括四个步骤，分别为准备阶段、预测阶段、实施阶段与评估阶段。

1. 准备阶段

信息资料是制订人力资源规划的依据，要想制订出一个有效的人力资源规划，必须获得丰富的相关信息。影响人力资源规划的信息主要有以下几种。

（1）外部环境信息

外部环境信息主要包括两类：一类是宏观经营环境的信息，如经济、政治、文化、教育及法律环境等。由于人力资源规划与组织的生产经营活动密切相关，所以这些影响组织生产经营的因素都会对人力资源的供给与需求产生作用。另一类是直接影响人力资源供给与需求的信息，如外部劳动力市场的政策、结构、供求状况，劳动力择业的期望与倾向，政府的职业培训政策、教育政策及竞争对手的人力资源管理政策，等等。

（2）内部环境信息

这类信息也包括两方面：一是组织环境信息，如组织发展战略、经营计划、生产技术及产品结构等；二是管理环境信息，如组织的结构、管理风格、组织文化、管理结构、管理层次与跨度及人力资源管理政策等。这些因素都决定着组织人力资源的供给与需求。

（3）现有人力资源信息

现有人力资源信息即对组织内部现有人力资源的数量、质量、结构和潜力等进行调查，包括员工的自然情况、录用资料、教育资料、工作经历、工作能力、工作业绩记录和态度记录等方面的信息。组织人力资源的状况直接关系到人力资源的需求和供应状况，对于人力资源规划的制订有着直接的影响，只有及时准确地掌握组织现有人力资源的状况，人力资源规划才有效。

2. 预测阶段

预测阶段的主要任务是在充分掌握信息的前提下，选择使用有效的预测方法，对组织在未来某一时期的人力资源供给与需求做出预测。人力资源的供需达到平衡是人力资源规划的最终目的，进行需求与供给的预测就是为了实现这一目的。在整个人力资源规划过程中，这是最为关键的一部分，也是难度最大的一个阶段，它直接决定着人力资源的规划是否能够成功。人力资源管理人员只有准确地预测出人力资源的需求与供给，才能采取有效的平衡措施。

3. 实施阶段

在需求与供给的基础上，人力资源管理人员根据两者的平衡结果，制订人力资源的总体规划和业务规划，并制定出实现供需平衡需要的措施，使组织对人力资源的需求得到满足。需要说明的是，人力资源管理人员在制订相关措施时，应当使人力资源的总体规划和业务规划与组织的其他规划相互协调，这样制定出的人力资源规划才能得到有效实施。

4. 评估阶段

对人力资源规划实施效果进行评估是整个规划过程的最后一个阶段，由于预测不可能做到完全正确，因此人力资源规划也需要进行修订。在实施过程中，要随时根据变化调整需求与供给的预测结果，调整平衡供需的措施；同时，要对预测的结果及制定的措施进行评估，对预测的准确性和措施的有效性做出评价，吸取经验教训，为以后的规划提供借鉴和帮助。

（二）人力资源信息系统

1. 人力资源管理信息系统概述

事业单位越来越多地应用人力资源管理信息系统进行人力资源规划，以实现单位人力资源的高效管理目标。

（1）人力资源信息

人力资源信息是反映人力资源状态及其发展变化特征的各种消息、情报、语言、文字、符号等具有一定知识性内涵的信号的总称。

人力资源信息分为原始信息和再生信息（二次信息）。原始信息是相对简单、接近信息源的信息；二次信息是通过某种模式从原始数据中提取的信息。

人力资源规划的制订与实施是以人力资源信息为前提的，单位获取的人力资源信息的质量如何，直接影响到人力资源规划的效果。相对于外部的人力资源信息而言，单位内部的人力资源信息更容易获取。

（2）人力资源管理信息系统

人力资源管理信息系统是管理信息系统的一个子系统，指通过建立一种信息平台，将信息技术与人力资源管理技术切入到组织的管理实践活动之中，旨在使之满足单位各部门的具体需要，能够处理规范和例外的、普遍存在和特殊的、相对简单和错综复杂情境的结构工具。

（3）人力资源管理信息系统的功能

第一，为人力资源规划和其他人力资源管理活动提供快捷、准确的信息；第二，为单位制定发展战略、提供人力资源数据；第三，为单位管理效果的评估提供反馈信息；第四，提高人力资源管理活动的工作效率。

（4）人力资源的信息管理过程

人力资源的信息管理过程同所有的信息管理过程一样，包括人力资源信息的搜集、加工、传递和贮存。

第一，人力资源信息搜集工作包括以下步骤：确定搜集信息的目标、制定搜集计划、搜集信息和汇集、整理信息。

第二，人力资源信息加工的两个基本要求是保证信息的客观性和提高信息的可用性。一般来说，力资源信息的加工要经过信息的分类、信息的统计分析、信息的比较和信息的综合处理等环节。

第三，人力资源信息的传递方式有计算机网络传递、出版物传递、广播电视传递、文件资料传递和会议传递等。

第四，人力资源信息存储的程序为信息登记、信息编码和信息存储。所谓信息编码就是按照一定的规律对人力资源信息按相应的顺序编制上统一的数码或代码。对人力资源信息的编码有利于信息的规范化管理，具体的编码方法有顺序编码法、分组编码法、数字式编码法和表意式文字编码法等。涉及信息存放时，要考虑存储量、信息格式、存储方式、使用方式、存储时间、安全保密、使用授权等方面的要求，使组织信息不丢失、不失真、不外泄、使用方便。

2. 人力资源信息管理系统的建立

组织内人力资源信息管理系统的建立不能教条化，而应该根据不同组织的不同情况来具体设计。在这个过程中要考虑以下五个因素：①组织发展战略及现有规模；②管理人员对人力资源有关数据要求掌握的详细程度；③组织内信息复制及传递的潜在可能性；④人力资源管理部门对本系统的运用程度及期望程度；⑤社会上其他组织关于人力资源信息系统的建立及运用情况。

一般来说，建立一个高效运行的人力资源信息管理系统需要经过以下四个步骤。

（1）研究现有系统

在确定要求或评价现有信息系统时，需要回答四个问题：①对新系统的要求是什么？②目前信息是如何传递的？③信息使用情况如何？④这些信息对决策的价值如何？

（2）确定信息的优先顺序及概念设计

在全面理解现有信息系统后，就要确定所需信息的优先顺序。人力资源信息管理系统的设计必须确保排序在前的信息的提供；而生成排序在后的信息，只有在其带来的收益大于获得这些信息的成本时才是合理的。

（3）开发新信息系统

整个组织的优先顺序名单支配着人力资源信息管理系统的设计。

（4）确定人力资源信息管理系统

在最终确定了正式模式之后，新系统运行的基本条件就具备了。

3. 人力资源信息管理系统的类型

（1）人力资源业务处理系统

人力资源业务处理系统是为组织日常业务处理提供信息服务的子系统，如公司内员工基本信息系统、招聘信息系统、晋升与绩效考核系统、职位分派系统等。影响人力资源信息业务系统的主要变量包括单位类型、组织结构、业务性质、职位配置和员工的个人特征等。

（2）人力资源管理信息系统

人力资源管理信息系统以服务于组织内的管理为目的，包括组织内人力资源的数量及质量等存量管理、人力资源生产力及效率指标的管理和成本与效益管理。

（3）人力资源决策支持系统

人力资源决策支持系统是专门为各级、各层、各部门决策提供人力资源信息的支持系统。决策支持系统大都依靠专用模型产生的专用数据库，结合某一类具体的决策做出决定，它的最新发展是智能支持系统和专家系统或知识工程，一般由数据库、模型库和用户接口组成。人力资源决策支持系统突出了用户接口的重要性。

第二节　现代人力资源开发原理

一、公共部门人力资源开发与管理概述

（一）公共部门的内涵与特征

1. 公共部门的内涵

社会经济主体一般分为公共部门和私人部门。公共部门是负责提供公共产品或进行公共管理，致力于增进公共利益的各种组织和机构。私人部门是提供私人产品，谋求实现自身利益最大化的个人和组织。

私人部门包括个人、家庭和私人企业，而公共部门则在不同的国家有不同的具体分类。我国公共部门一般划分为国家政权组织、事业单位、公共企业和民间组织。

国家政权组织是指拥有公共权力，依法管理社会公共事务，以增进社会公共利益为目的的国家政权机构；事业单位是指国家为了社会公益目的，由国家机关举办或者其他组织利用国有资产举办的，从事教育、科技、文化、卫生等活动的社会服务组织；公共企业是指部分或者全部由国家投资，由国家委任代表参与和监督经营管理，以提供公共产品为主要经营内容，不以营利为主要经营目标的经济组织；民间组织是指民间自发组织的不以营利为目的的公益性组织。

公共部门[a]的职责之一是提供公共产品。公共产品指的是共享性物质产品和服务，其在调节宏观经济、稳定社会秩序、改善市场条件、提高生活质量、

a　公共部门，一词仅指国家政权组织 . 事业单位和公共企业。

发展文化教育、巩固国家安全、保护生态环境和推进经济增长等方面起主导作用。公共产品和私人产品两者的消费模式具有明显差异。

公共部门的职责之二是进行公共管理以完善市场机制的问题。因此，就需要公共部门在维护市场秩序、稳定宏观经济、优化资源配置、调节收入分配等方面发挥作用。

2. 公共部门的特征

经济学家斯蒂格利茨认为，公共部门与私人部门的重要区别在于两方面：一是经营公共部门的负责人所拥有职务的合法性直接或间接地从政治选举过程中产生；二是政府被赋予一定的强制力，这种权力是私营机构所没有的。

从作用的范围来看，私人部门与公共部门之间似乎不存在清晰的界限，特别是当私人部门的行为具有很强的外溢性的时候更是如此，但是将典型的公共部门和典型的私人部门进行比较分析以凸显差别将有利于把握它们各自的特质。

（二）公共部门人力资源的内涵

1. 公共部门人力资源

公共部门人力资源是指在公共部门中工作的具有劳动能力的各类人员的总和，即在职人员的总称，是整个社会人力资源的重要组成部分。

2. 公共部门人力资源的数量和质量

（1）公共部门人力资源数量

从数量上来说，公共部门人力资源包括国家政权组织公职人员、事业单位人员、公共企业人员和民间组织从业人员四个部分。

衡量公共部门人力资源的数量有两个相对量指标：一是财政供养比，

是指支出财政供养的国家政权组织和事业单位人员占全体人口的比重；二是国家全部公共部门人员占全体人口的比重，称为公共部门从业比。这两个指标可用于衡量公共部门的人员数量是否合理：比例高表示公共部门人员充足，可能提供较好的公共服务，但同时意味着公共部门占用的人力资源较多，财政负担较重；比例低表示公共部门人员较少，意味着公共部门占用的人力资源少，财政负担较轻，但是市场经济国家为了避免公共部门占用太多的公共资源，一般都倾向于将这一比例保持在较低的水平上。

（2）公共部门人力资源质量

从质量上来看，公共部门人力资源一般是指公共部门从业人员单个个体素质的有机集合，通常由道德素质、身体素质与智能构成。

公共部门人力资源不仅要求单个个体素质较高，还要求总体素质结构合理。要提高公共部门人力资源总体质量，除了提高个体素质之外，还要特别注意进行人员的合理调配。只有双管齐下，才可能实现公共部门人力资源总体质量的大幅提升。在进行人力资源调配的过程中，年龄结构、性别结构、种族结构、专业结构等因素是不可忽视的内容。

（三）公共部门人力资源开发与管理

1. 公共部门人力资源开发与管理的内涵

公共部门人力资源开发与管理是指公共部门依照相关法规对管辖范围内的人力资源所进行的规划、获取、维持和开发等一系列管理行为。

2. 公共部门人力资源开发与管理的四大功能

（1）人力资源规划

公共部门人力资源规划的主要目标是预算准备和人力资源计划，在政府官员之间划分与分配工作任务（工作分析、职位分类和工作评估）、决定工作的价值（工资或薪酬），公共部门人力资源管理者应承担技术人员、专业人员、人力资源管理专家及周旋者的角色。预算过程表现了政治回应性和效率的价值，科学的工作分类与分析，能够提高行政效率，而且有利于对社会公正和个人权利更多地加以关注。工资与福利制度不仅有利于改善员工的经济生活，还有助于提供评判员工个人价值的相对客观的经济尺度，同时还能够体现个人权利的价值。

（2）人力资源获取

公共部门人力资源获取的主要目标是招聘、选录和甄选政府雇员。公平就业机会、弱势群体保护行动和劳动力多样化计划对公共部门人力资源管理的功能产生了重要的影响。这些计划均建立在社会公平和个人权利的价值，以及用于实现这些价值的弱势群体保护行动的法律和程序的基础上。

（3）人力资源开发

公共部门人力资源开发的主要目标是适应、培训、激励及评估雇员，提高其知识、技能与能力。人力资源开发是建立健全现代公共部门和人力资源制度的重点和核心。

（4）纪律与惩戒

公共部门纪律与惩戒的主要目标是确立、保证雇员和雇员之间的期望、权利与义务的关系，建立惩戒途径与雇员申诉程序等。纪律与惩戒是人力资源开发与管理四个核心功能中最重要的功能。

总的来看，公共部门人力资源开发与管理的四大功能之间是相互关联、环环相扣的，并且与外部环境处于动态的平衡之中。其中，人力资源规划是基础，是整个人力资源开发与管理体系的蓝图和基石；人力资源获取是手段，是整个人力资源开发与管理体系的砖石；人力资源开发是核心，是整个人力资源开发与管理体系的中枢；纪律与惩戒是保障，是整个人力资源开发与管理体系的安全阀。上述四方面的功能构成一个有机整体，各个部分之间相对独立，但又相互影响、相互制约。

3. 传统人事管理与现代公共部门人力资源管理的比较

现代公共部门人力资源管理是从传统人事管理学科发展而来的。人事就是指在“用人治事”的过程中发生的人与人、人与组织、人与事（工作）之间的相互关系。所谓人事管理，就是人事关系的管理，其目的在于使人与事、共事的人与人之间实现最佳的关联，有效地实现组织目标。人事管理的全部内容都围绕人与事的关系来展开和进行，追求最终实现事得其人，人尽其才，才尽其用，人事相宜。

4. 公共部门人力资源开发与管理模式

公共部门人力资源开发与管理系统包括宏观环境、公共部门内部人力资源开发与管理系统、人力资源开发与管理社会服务体系三个部分。公共部门内部人力资源开发与管理系统和人力资源开发与管理社会服务体系都受宏观环境的影响，两者之间密切协作、共同作用于人力资源绩效。

宏观环境包括政治、经济、劳动力、科学技术和社会文化等因素，这些方面的差异决定了不同国家或地区的公共部门人力资源开发与管理系统之间差异显著。例如，公共部门人力资源绩效的首要影响因素是公共部门内部的人力资源开发与管理系统。这一系统和私人部门企业组织内部的人力资源开发与管理体系类似。在组织战略、组织结构和组织内部环境影响下，公共部门内部的人力资源管理部门负责组织开展人力资源规划、工作分析、甄选、培训与开发、职业发展、绩效评价、激励、工资与福利、晋升与调配等工作。其中的培训开发和职业发展是典型的部门内部进行的人力资源开发工作。

人力资源开发与管理社会服务体系是处于组织之外，但和公共部门人力资源管理关系密切的一些公共服务体系。它包括正规教育体系、职业培训体系、就业服务体系、社会保障体系和监督维护体系等几个部分。正规教育体系主要是指大、中、小学等教育机构，主要提供就业前的素质教育服务；职业培训体系指组织内外的各类职业培训机构，主要对就业后或处于就业预备期的人员提供有针对性的培训服务；就业服务体系是指遍布各地的就业服务机构，为人员就业和流动服务；社会保障体系包括各种为劳动者提供医疗保健服务的机构，相关的各种社会保障基金的管理和营运机构也包括在内；监督维护体系是维护正常劳动秩序的各类机构，主要指劳动纠纷处理机构和组织内部的工会组织等。

人力资源绩效不仅和各个公共部门内部的人力资源开发和管理体系有关，还和人力资源开发与管理社会服务体系关系密切。因为公共部门提供的是公共产品，其最终绩效不仅取决于公共部门内部管理水平的高低，相关人力资源开发与管理服务体系的素质也对公共部门人力资源绩效影响重大。

二、我国公共部门人力资源开发与管理的沿革

（一）我国公共部门人力资源开发与管理的沿革

中华人民共和国成立 70 余年来，我国公共部门人力资源开发与管理经历了从创立到不断发展完善的过程，尤其改革开放以来，实施科教兴国，消除不利于人才成长的体制性障碍，公共部门人力资源开发与管理工作进入了新的发展阶段。进入 21 世纪，中共中央提出了人才强国战略，强调着力建设党政人才、企业经营管理人才和专业技术人才等几支队伍，掀开了我国公共部门人力资源管理工作新的一页。

（二）我国公共部门人力资源开发与管理思想的更新

以 2003 年中共中央历史上第一次召开全国人才工作会议为标志，我国公共部门人力资源开发与管理工作获得了前所未有的重视，指导思想有了新的突破，工作力度大大加强，实际工作也不断获得新进展。

结合我国的实际情况，在推进社会发展过程中必须坚持“以人为本”，贯彻马克思列宁主义、毛泽东思想、邓小平理论、“三个代表”重要思想、科学发展观、习近平新时代中国特色社会主义思想。我国当前要着重抓好培养吸收和用好人才两个环节，具体体现在要加强人才资源能力建设，深化人才工作体制改革，大力培养各类人才，加快人才结构调整，优化人才资源配置，促进人才合理分布。

第三章 人员招聘与甄选

人员的招募（recruitment）与甄选（selection）是公共部门人力资源管理的一项基本任务。它是在人力资源规划与预测的基础上，组织吸收新的合格人才，维护组织人员自然循环的需求，保证组织任务的完成和目标的实现。

第一节 人员招募计划

人员招募计划的目的是分析组织在不同情况下的人力需求，使组织内部有充足的人力资源，以实现组织的长期或短期目标。人力资源规划工作包括估计现有的人力资源以及预测未来的人力需求与供给。人员招募计划可以使组织充分了解组织未来发展对员工资格、技能的需求，进一步做好人员招募甄选工作。

一、人员需求预测

人员需求是指满足组织未来需要所应配备的人员数量及其所应具备的技能条件的组合。组织对人力资源的需求有多大，受内部和外部许多因素的影响。

（一）影响需求的因素

影响组织人员需求的因素有以下几方面。

（1）整体经济环境。一个国家、地区乃至全球的经济环境，直接影响到具体组织的经营管理状况。在经济蓬勃发展时期，对人员的需求就会增加，而在经济衰退甚至经济危机期间，对人员的需求就会大大减少，社会的失业率也会大大增加。

（2）社会及政治压力。对于公共部门来讲，社会及政治压力也是影响人员需求的重要因素。比如失业人数过多，就会带来社会治安、社会保障、失业保险等方面的一系列社会问题，那么，公共部门就不得不慎重考虑自己的增员和减员计划。

（3）技术的改进。新的科技成果转化和技术革新会直接影响到组织的人员需求结构和需求数量的变化。如计算机技术的普遍应用和推广，就会使公共部门增加对管理技术型人才的需求，减少可以被计算机替代的人力需求。

（4）组织政策。组织职能目标的转变会对人员的需求产生重要影响。如我国政府职能由微观管理到宏观调控、由全面干预到全面服务的转变，就造成了国家机关公务人员的大幅度减员。国家事业单位由政府包办的研究、辅助性质转向社会化的自谋生路的社会中介组织，也会造成人员需求数量的减少和人员结构的变化。另外，组织文化、管理方式的变革也会对人员需求产生影响。如组织从原来的集中管理到减少中间层次的分权管理的变革就会直接影响到对中间管理层人员的需求。

（二）需求预测的技术和方法

人员需求预测的技术和方法主要有以下几种。

（1）趋势预测法。根据过去组织对人员的需求状况，推测出组织未来的人员需求结构和数量的方法叫趋势预测法。例如，可以通过计算过去五年内每年年底组织的员工数目和各个部门的员工数目，得出组织人员需求趋势，进而推测出未来的人员需求。

趋势预测法是一种逻辑推理方法，简便易行。但时间因素往往不是影响人员需求的唯一因素。

（2）比率预测法。比率预测法是通过某种因果因素与人员需求数目之间的比率来推测组织未来的人员需求。例如，某研究机构的用人比率为3 ：1，即每 3 位研究人员需要 1 位辅助研究人员。假如需增加 6 位研究人员，那么就需另外录用 2 位辅助研究人员。对于经营性组织，比率预测法同样适用。

比率预测法的缺点是没有考虑到规模经济的因素。比如，尽管每 3 位研究人员需要 1 位辅助人员，但在一个有 30 位研究人员的研究机构中，辅助人员可能只需 7 人。这是因为辅助人员在团队工作条件下或由于他们各自精于某一方面的工作，总体效率会有所提高。

（3）工作负荷预测法。先进行工作分析，再预测组织未来的工作量，进而推算出对人员的需求。

（4）电脑软件分析法。利用人员需求分析软件对组织的人力需求进行预测是一种现代、快捷的分析方法。也就是将组织的工作量、相关因素等输入电脑，通过计量模型计算出组织各层次人才的需求量。这是现代专业人力资源管理咨询公司常用的一种方法。

无论运用什么方法对人员需求进行预测，都离不开管理人员的主观判断。这是因为各种分析方法所依据的都是历史资料，而未来许多可变因素对人员需求的影响还要依靠管理人员的主观判断。

二、人员供给预测

人员的供给分为内部供给和外部供给。

（一）内部供给

当用组织现有任职人员补充人员需求时，我们称之为内部供给。对组织内部供给进行预测，通常需做以下几方面工作。

（1）了解组织内部人员的状况，包括年龄、级别、学历、经历、技能、绩效等，这些信息可以通过人事档案来获取。了解内部人员的这些特征，就可推算出未来人员的自然退职数目，进而了解职位空缺数，同时可以知道组织内哪些人员可以顶替空缺。

（2）建立职位置换卡。建立职位置换卡也就是将每个职位都编成一张卡片，标明哪些人可能来担任这项职位，并指出这些人目前的绩效水准、晋升的可能性以及所需的训练。这样，在组织出现职位空缺时，就可以通过职位置换卡找出合适的人选，若无合适人选再考虑从外部招募。

（3）计算组织的人员变动率。在分析内部供给时，不可避免地牵涉到人员的变动率，因为这不但关系到组织内部的人员供给和职位空缺状况，还关系到组织内部的管理是否合理的问题。

计算人员变动率通常使用鲍文的稳定性指数（stability index）：

稳定性百分比 = 现有职员在 N 时段的服务月份数之和 / 人员齐备时在 N 时段的可能服务月份数之和 × 100%

若稳定性过低，就需分析其产生的原因和发展趋势。采用组织现有人员作为人力需求的供给源有多种优势：①组织现有人员对组织的运作机制和组织文化有很好的了解和适应性；②组织对现有人员的各方面情况有一定的了解，能够选到比较恰当的人选；③对组织内部人员进行提升，对其他人员有激励作用。

但这样做也存在一定的劣势：①由于对组织现有人员了解过多，相关候选人的某些缺点会影响其提升，而外部人员则可较好地掩饰其某些缺点；②组织现有人员往往会受到组织文化的同化，缺乏创新思想。

（二）外部供给

在组织内部供给不能满足组织需求时，就需考虑从组织外部招募人才。外部人员供给的分析需考虑以下因素。

1. 人口因素

人口因素的变化直接影响着劳动力的外部供给。

（1）国家和地区间人口数量的多寡影响到人员的外部供给。在人口密度大的国家和地区，人员的外部供给就相对充裕，反之则紧缺。

（2）新进入就业队伍的年轻人的人数变化也会影响到人员的外部供给。如我国 20 世纪 60 年代中后期是一个生育高峰期，到 90 年代这些人进入了就业队伍，90 年代的外部人员供给就比较宽松。

（3）劳动力结构影响着人员的外部供给。如在年龄结构老龄化的国家和地区，外部供给人员的年龄就偏大。性别结构的变化会影响到人员外部供给的男、女比例，劳动力素质结构会影响到外部供给能否满足组织对专门人才的需求。

2. 经济因素

社会经济发展景气与否，直接影响到失业率的高低，进而影响到人员外部供给的紧缺程度。另外，地区间经济发展的差异也会影响到人员的外部供给。

3. 政策因素

一个国家和地区的政府人员管理政策和法规，对外部人员的供给有着重要影响。如我国的户籍管理政策对人口的跨地区流动有一定的限制，这样就影响到地区间的人员供给。另外，如平等就业法规、妇女儿童权益保护法、工作时间规定等都对人员的外部供给产生一定的影响。

总之，人员招募计划是公共部门人力资源管理的重要环节，关系到对外部环境的前瞻性分析和现有人员的潜能开发。成功的人员招募计划能通过把握现有及未来劳动力构成的可能性预测相应成本，这是组织人力资源管理战略与运作的重要桥梁。

第二节　人员的招募甄选

一、人员招募甄选的意义

招募甄选是指寻找、筛选及录用适当人选出任组织空缺职务的过程。招募甄选是人力资源管理的入口管理，即对进入组织的人员进行选择、把关，在人力资源管理中具有重要的意义。

（1）有效的招募甄选能为组织不断充实新生力量，实现组织内部人力资源的合理配置，为组织发展提供人力资源上的保障。

（2）有效的招募甄选可以增加组织人员的稳定性，减少人员的流失。因为成功的招募甄选可以为组织的每一个职位找到合适的人选，做到人尽其才，提高对工作的满意度。

（3）有效的招募甄选可降低人员初任培训和能力开发的费用。因为对高素质合格人员的培训开发要比使素质较低的人变得能胜任工作所需的培训和开发更简单、有效。

（4）有效的招募甄选能够提高组织的效率。

首先，有效的招募甄选可以使每一个职位都拥有合格的人才，整个组织的工作效率必定提高。

其次，有效的招募甄选可以使对员工的管理变得简单，管理者不再需要花很多的时间来纠正员工的过错或解决员工问题，而是花更多的时间、精力来考虑组织发展的关键性问题。

二、招募的方式

招募的方式有很多，究竟选择哪种方式要视成本和效益而定。下列几种方式是一般组织都会考虑的。

（一）刊登广告

刊登广告是组织常用的招募方式。这是因为报纸、杂志、电视、网络的接触面广、流通量大，招募到理想人才的机会也较大。

在设计招聘广告时，要注意广告的独特创意，树立良好的组织形象，给读者留下深刻印象。另外，还应把主要的招募内容展示出来，如工作内容、工作时间、工资收入、工作环境、资格条件等。

利用广告进行招募的缺点在于，广告存留时间短、成本较高、信息容量少。

（二）学校招募

经由学校的学生工作处或毕业生分配办公室进行人员招募是公共部门主要的、传统的人员招募方式。这种方式的优点是应聘者的素质有一定保证，而且应征人数也会很多，可以有计划地进行招募甄选；缺点是只能在固定时间内进行总招募，不能临时录用。另外，学校毕业生由于急于找工作，通常会同时应征多份工作，结果导致被选中者很可能因同时被其他机构录用而临时拒绝聘约。

（三）转业军人的安置

在我国，从转业军人中招募所需人员，也是公共部门招募人员的主要渠道之一。目前，转业军人已占公共部门工作人员的一定比例，有一些还担任了重要领导职务，对公共部门的发展做出了重要贡献。

（四）人才交流中心和职业介绍所

人才交流中心和职业介绍所存有大量求职者的资料信息，组织在急需少数个别职位人才时，通过人才交流中心和职业介绍所招募到所需人才是一种简便的方法，但需要一定的费用。

（五）猎头公司

猎头公司是近几年才在国内出现的一种机构，专门提供引荐高级管理人员或专业技术人员的服务。当组织需要填补重要职位或很专业职位的空缺时，由于不易找到合适人选，就需要借助猎头公司的帮助。这类公司大都收费昂贵，但物有所值。

（六）由现有职员介绍

部分组织会通过现有职员或朋友介绍人选来填补职位空缺。这种方式的优点是推荐人清楚组织的运作及职位要求，因此所推荐的人员多符合要求。另外，应征者已于事前从推荐人那里了解到工作环境、工作要求及工作前景，加上碍于推荐人的情面，会在录用后努力工作，且不会随便离职。这种方式的缺点在于，易形成小的私情集团，出现分党分派情况，影响组织利益。

三、招募甄选的程序

人员的招募甄选是一个复杂、完整而又连续的程序化操作过程，这一程序的每一组成部分都是为了保证组织人员招募甄选的质量，确保为组织录用到合格、优秀的人才。人员招募甄选的程序包括以下几个步骤。

（1）组织中出现职位空缺，由此提出人员增补需求，人员招募甄选工作开始。一般来讲，只有通过上一节讲到的人员招募计划，才能准确把握组织对各类人员的需求信息，确定人员招募的种类和数量。

（2）确定招募甄选负责部门，制定招募实施计划。一般由人力资源管理部门来负责人员招募甄选，也可由业务部门负责实施计划，包括确定招募人数、招募标准、招募对象、招募经费预算、参与人员等。

（3）确定招募方式。根据组织的具体情况，选择恰当的招募方式，可以几种方式结合使用。

（4）对应聘人员进行考试、面试等甄选工作。一般由人力资源部门会同用人部门共同完成。在这一步骤中，应依据具体职位的工作规范对应聘人员进行各种形式的知识、技能和能力考试及心理测验，从应聘人员的基本素质、心理特点、能力特长上进行甄选，合格者参加面试。绝大多数组织都要通过面试评价来确定最后的录用人选。这是由于面试评价所提供的关于应聘人员的信息最直观、真实、准确。因此，面试是人员甄选中最重要的环节。

（5）确定试用人员并进行任职培训。经考试、测验和面试合格者成为组织的试用人员，在试用之前，需进行任职培训。通过多种形式的任职培训，试用人员充分了解组织和工作职位的状况，掌握工作所需的有关知识和技能。

（6）试用人员上岗试用。上岗试用的目的是通过工作实践进一步考察试用人员的工作适应能力，同时为试用人员提供了深入了解组织和职位的机会。事实上，试用期间，组织与试用人员仍可双向选择，双方不受任何契约影响。试用期可为1个月至6个月不等。

（7）试用期满后，对试用人员的工作绩效和适应性进行考核，合格者正式录用为组织人员，双方签订任用合同或其他契约。至此，整个招募甄选过程全部结束。

第三节　人员甄选的方法与技术

甄选是人员录用过程中最关键的环节，因为它决定着录用的结果。因此，在甄选过程中要尤其注重甄选方法的科学性。

一、笔试

笔试是最古老、最基本的人员甄选方法。它是通过应征者在试卷上笔答事先拟好的试题，然后依据解答的正确程度或成绩进行测评的方法。

笔试的优点，首先是试卷内容涵盖面广、容量大，对基本知识、技能和能力的测试信度和效度较高；其次是可以对大量的应聘者同时进行，测评效率高；最后是成绩评定比较客观，考试材料可以保存以备待查，体现公平原则。笔试的缺点在于，不能全面地考察应试者的工作态度、品德修养以及组织管理能力、口头表达能力和操作技能。因此，笔试一般不能单独使用，还须配合其他方法。

二、面试

面试是应聘者在主考人面前，用口述方式现场回答问题，主考人根据应聘者在面试过程中的行为表现及回答问题的正确程度来进行测评的一种方法。

通过面试，可以判断出应聘者运用知识分析问题的熟练程度、思维的敏捷性、语言的表达能力，并且可以通过应聘者面试过程中的行为举止，了解到应聘者的外表、气质、风度、情绪的稳定性。此外，通过面试还可以核对应聘者个人材料的真实性。

（一）面试的种类

依据面试方式的不同，可以划分出多种类型的面试方法。

（1）非引导式面试。面试人员依自己兴趣所至，随意向应聘人员提出问题。这种方式可以广泛地发掘应聘者的兴趣所在。

（2）定型式面试。面试人员依据预先设计好的一系列问题向应聘者发问。

（3）结构式面试。面试人员所提的问题都是与工作有关的问题，且事先已确定应聘者可能有的答案。面试人员依据应聘者的答复，当场做出不理想或普通或良好的结果评价。

（4）系列式面试。由组织不同层次的人员先后同应聘者进行面谈，各个面试人员依个人观点提出不同问题并做出评价，最后进行综合。

（5）陪审团式面试。由多名面试人员（一般 3 ~ 5 人最佳）同时跟应聘者面谈。

（6）压力面试。由专业的面谈人员依据工作的重要特征，向应聘者施加压力，测试应聘者如何应时工作压力。典型的压力面试是以穷追不舍的方式向应聘者发问，逐步深入，直至应聘者无法回答，以考察其机智和应变能力。

（7）模式化行为描述面试。由面试人员向应聘者描绘出一幅“时间图画”，要求应聘者描述其在这种特定情景下的行为方式，面试人员依据应聘者的行为是进取性的、武断性的还是被动性的，归纳出其行为模式，并与空缺职位所期望的模式进行比较，得出评价结果。“时间图画”中的行为模式可以是与职业选择有关的，也可以是与事业发展有关的。

（二）问题与对策

（1）在应用面试法进行人员甄选时，容易产生的问题是：①缺乏训练的面试人员往往不能做出客观的评价。②面试人员易受光环效应和触角效应的影响。光环效应是指面试人员喜欢应聘者或受应聘者吸引，从而对他们持肯定态度，结果是爱屋及乌，对候选人给出的答案采取宽容的态度，而不是客观评价答案本身。触角效应则正相反，面试人员会从应聘者给出的答案中挑刺。③面试人员往往过早做判断，即在见到应聘者的几分钟内就已经做出了判断，即使延长面试时间也不能改变其判断。④面试人员过分重视负面资料。面试人员较容易受负面资料的影响，对应聘者的印象容易由好转坏，而不容易由坏转好。⑤面试次序的对比误差，即应聘者接受面试的先后次序会影响面试人员的评分。研究表明，一位中等水平的应聘者若在几位不理想的应聘者之后接受面试，面试人员对他的评价会远远高出其原有标准。

（2）要避免上述五方面的问题，就需采取以下措施：①对参与面试的经理、主管或人事干部进行面试技术培训。②确保面试人员在面试之前充分了解空缺职位的工作规范及应聘者的申请材料。③选择适当的地点作为面试场所，并注意家具的摆放符合面试的环境要求。④合理安排面试时间，并使每位应聘者的受试时间基本相同。⑤面试所提问题中，应包含有关职位的开放式的问题。⑥一般在面试人员提问后，应给应聘者一些时间，允许他们问一些问题并自由发表一些评论。⑦将面试法与其他方法结合使用。

三、心理测试

心理测试有许多种，但甄选过程中所用的主要是能力测试和个性测试两种，因为这两种测试的结果对预测未来的工作绩效有较大帮助。

（一）能力测试

能力测试分为普通能力测试、特殊能力测试和成就测试。

普通能力测试主要是测试应聘者的思维能力、想象力、记忆力、推理能力、分析能力、数学能力、空间关系能力及语言能力等，一般通过相似、相反、算术计算、推理等类型的问题进行评价。在这种测试中得高分者，被认为具有较强的能力，善于找出问题症结，能取得优良工作业绩。需注意的是某种特定的测试也许只对某类特定的工作有效。特殊能力测试用于特定能力或才能的测试，如空间感、动手灵活性、协调性等，另外还包括一些专业的基础知识，常用的方法有斯特龙伯格灵敏度测验（Stromberg Dexterity Test）、明尼苏达操作速度测验（Minesota Rate of Manipulation Test）、普渡插棒板测验（Purdue Peg Board Test）等。

成就测试是考察一个人已经拥有的能力，主要测试应聘者已经具备的有关工作的能力水平，比如，测试一名打字员每分钟能打多少字。

（二）个性测试

一个人的工作能否做好，不仅取决于这个人的能力高低，个性品质也会对工作绩效的好坏起到很大的影响。因此，把对应聘者的个性测试纳入招募甄选过程中就十分必要，对于那些需要比较多人际交流的职位更应如此。个性品质主要包括人的态度、情绪、价值观、性格等方面的特性。对个性品质的测试主要有影射法、个性品质问卷调查法和兴趣盘存法。

1. 影射法

影射法是让受测者看一项不明的刺激物（如图片、墨迹等），然后要求他们诠释其意义或说明自己有何反应。因为刺激物相当模糊，所以应聘者所做的诠释，事实上是他们内心状态的一种映射，他们会将自己的情感态度及对于生活的理想要求融入诠释中，由此测试出应聘者的个性品质。此外，属于影射性的测试方法还有：要求应聘者编造或创造出一些东西或故事、图画的构造法；要求应聘者完成某种材料，如句子的完成法；要求应聘者依据某种原则对刺激材料进行选择或排列的选择排列法；等等。

2. 个性品质问卷调查法

个性品质问卷调查法是通过应聘者对个性品质调查表中的问题进行回答，依据得分统计来判断应聘者的个性品质倾向。调查表中的问题一般包含与行为、态度、感觉、信仰等有关的陈述式问题。典型的调查表有明尼苏达多项个性调查表、爱德华兹个人偏爱顺序表等。

3. 兴趣盘存法

兴趣盘存法是将应聘者的兴趣和各种人士的兴趣做比较，判断应聘者适合从事什么工作。其理论依据是假如应聘者在兴趣方面与绩效优异的在职人员雷同的话，应聘者将来也可能有良好的表现。

总之，个性品质测试的根本目的是通过对应聘者个性品质的考察，判断应聘者的工作动机、工作态度、情绪的稳定性、气质性格等素质是否与空缺职位的要求相近或相同，若是，就是合适的人选。

四、行为模拟测试法

行为模拟测试法亦称情景模拟法，是指通过在一种情景下应聘者所表现出的与职位要求相关的行为方式，来判断应聘者是否适合空缺职位的一种测试方法。此法比较适合于评价具有某种与职位相关的潜能但又没有机会表明的应聘者。行为模拟测试法通常采用的行为模拟方式有以下几种。

①文件筐处理。要求应聘者对文件筐中的各类信件、便笺等进行处理，并做出决定、制定计划、组织和安排、要求合作、撰写回信和报告，依此测出应聘者的工作主动性、独立性、敏感性、组织规划能力、合作精神、分析判断能力、决策能力等。②分析模拟。给应聘者提供有关某种情况的资料，要求其进行分析并提出合理的行动程序，依此观察应聘者筛选数据、分析问题、进行决策的能力并进行评价。③面谈模拟。由应聘者扮演一个角色，评价员扮演与之相对的角色，来进行与工作相关的某种情景下的模拟行为和对话，依此评价应聘者的组织能力、领导能力、灵活性、口头表达能力、控制能力及压力下的工作能力等。

并非所有的甄选都需要采取行为模拟测试法，它一般作为面试法的补充，另外还取决于甄选的时间及预算的许可度。

五、工作抽样法

工作抽样法是指将空缺职位工作的几个关键环节抽样出来，让应聘者在无主持的状况下进行实地操作，以考察其实际工作能力和绩效。科学的工作抽样比其他甄选方法都有效，因为这种方法所得到的信息更直接、更真实，评价结果也更客观、更公正。

六、评价中心

评价中心在这里实际上是一个运作概念，而不是一个地理概念或机构名称。它是指将应聘者（若应聘者过多，可经筛选后进行）集中起来，采用多种评价方法进行集体评价，然后从中甄选出合格人员的过程。评价的地点可以是一间会议室，也可以是一间特殊的房间。评价中心要求有10多名评价员来参与，一是因为应聘人员多，须多人进行评价；二是可以保证评价结果的公正性。评价员一般是在暗中进行评价，也可通过录像进行评价。评价的时间需2～3天。评价中心一般包括下列项目。

（1）分内工作。让应聘者面对一堆真正担任空缺职务时所面对的报表、备忘录、信件、电话及其他文件，要求应聘者逐一处理，如写信、记备忘录、安排会议日程等。然后，由经验丰富的评价员对工作绩效予以评价。

（2）无主持的群体讨论。给一个问题，让应聘者一起进行讨论，并做出群体决策。然后由评价员对应聘者的沟通技巧、领导能力、个人影响力及群体接纳程度进行评估。

（3）管理竞赛。让应聘者各代表一个组织，这些组织在市场上有着激烈的竞争，然后让应聘者依据所代表组织的状况进行一系列管理决策，由此来评价应聘者的决策能力、组织能力、沟通能力及领导能力。

（4）口头报告。让应聘者就某一主题作一个口头报告，以此来评价应聘者的沟通技巧和说服能力。

（5）客观测试。对应聘者进行一系列的内心测试。

（6）面谈。每位应聘者至少都由一位评价员与其进行面谈，以发掘应聘者的背景、过去的工作绩效、目前兴趣及激励状态。

需要注意的是，评价中心一般费用较高，比较适合于规模较大的组织。

总之，招募中的甄选方法有很多种，至于选择何种方法，要依组织的具体情况而定，包括组织的目标、招募的规模和时间、预算的许可度等，但有一个问题是所有甄选方法都需注意的，那就是测试的效度和信度。效度是指测试的结果和工作相关的程度，也就是测试的结果能否预测出任职后的工作绩效。信度是指测试的稳定性和一致性，也就是对同一应聘者用内容相似的测验再去测试他，则所得到的分数也应相似。没有效度和信度的测试方法是不能在招募甄选中采用的。

第四章　绩效考核与绩效管理

第一节　绩效管理概述

一、绩效的意义

（一）绩效的含义

绩效指组织的员工通过努力所达到的工作目标或完成的工作任务，包括工作效率、行为，以及这些行为对组织战略目标实现的影响程度。

1. 员工绩效

关于员工绩效的定义，有两种观点，即产出 / 结果概念和行为概念。以产出为导向的绩效概念，倾向于把工作看成各种待完成任务的集合，用以满足所定义的目标；以行为为导向的绩效概念，认为绩效是个人或体系的所作所为。员工绩效是行为和产出的综合，不可将二者完全分割。管理员工的行为是促进产出的合理实现，行为是产出的保证，是产出的必经过程；管理员工的产出旨在形成目标，是产生企业期望的行为结果。员工绩效是员工对组织在工作结果方面的承诺，相应地，组织在薪酬福利方面对员工做出对等的承诺。从员工层次来讲，绩效是人们所做的同组织目标相关的、可观测的、具有可评价要素的行为。

2. 部门绩效

部门绩效是指为了达成组织的目标，通过持续开放的沟通过程，将组织目标分解到各个部门，形成各个部门有利于组织目标达成的预期的利益和产出。作为公司和员工之间绩效管理承上启下的关键层面，部门绩效管理已成为企业培育竞争优势、获取核心竞争力的战略性举措。部门绩效目标就是各部门对企业整体目标分解所得到的任务，是该部门全体员工奋斗的共同目标。要实现部门绩效，部门员工必须认真履行自己的职责，在完成个人绩效的同时，相互协调、相互配合，共同完成部门绩效任务。其实，正确处理部门、员工绩效的关系的关键是对员工绩效、部门绩效的关系的协调。

3. 组织绩效

由于组织绩效是多方面的，因此，对组织绩效的定义也可以从多个角度来进行。英国学者布雷德拉普认为组织绩效应当包括三方面，即有效性、效率和可变性。有效性是指满足顾客需求的程度，效率是指组织使用资源的节约程度，可变性是指组织适应未来变化的能力。组织绩效的多面性，使人们可以从多方面、采用多重指标来衡量绩效，如近年来欧美企业广泛应用的卡普兰和诺顿提出的平衡计分法，即从财务、顾客、企业内部业务流程、学习与成长能力四方面全面地评价企业的绩效。

（二）绩效的多角度理解

绩效从不同的角度可以分为任务绩效、管理绩效和周边绩效。

1. 任务绩效

任务绩效是指按照工作职责去完成工作任务的那些有助于核心流程和目标实现的活动，如生产产品、销售产品、收取存货、管理下属或传递服务。

简而言之，是直接产品生产和技术维持活动。它是与工作任务密切相关的内容，同时是和个体的能力、完成任务的熟练程度和工作知识密切相关的绩效，主要根据各考核周期被考核者签订的绩效计划书进行考核。

2. 管理绩效

管理绩效主要针对管理人员，体现管理人员对部门工作管理的结果。考核内容有沟通效果、工作分配、下属发展、管理力度等。

3. 周边绩效

周边绩效是指那些支持组织、社会和心理环境的活动。博尔曼和摩托维德罗（1997）将周边绩效分为五大类型：①主动地执行不属于本职工作的任务；②在工作时表现出超常的工作热情；③工作时帮助别人并与别人合作工作；④坚持严格执行组织的规章制度；⑤履行、支持和维护组织目标。

周边绩效的特点为：①周边绩效是工作情景中的绩效；②周边绩效行为能够促进群体与组织绩效；③周边绩效是一种过程导向与行为导向的绩效。其主要考核内容包括主动性、响应时间、解决问题时间、信息反馈的及时性、服务质量。

（三）绩效的性质和特点

绩效具有三个显著的性质：多因性、多维性、动态性。

1. 绩效的多因性

绩效的多因性是指绩效的优劣不是取决于单一因素，而要受主、客观的多种因素影响。多因性要求在进行员工绩效分析时，应从多个因素着手。绩效主要取决于员工的技能、机会、激励和环境四方面，其中技能和激励属于员工自身的、主观性的影响要素，而机会和环境属于外界的、客观的要素。绩效与这四个要素的关系可以用下面的函数式表达：

P=f（S，M，E，O）

其中：P 指 Performance，绩效；S 指 Skills，技能；M 指 Motivations，激励；E 指 Environment，环境；O 指 Opportunities，机会。

（1）技能：技能是指员工的工作技巧与工作能力。影响员工技能的因素有天赋、智力水平、个人经历、教育水平、培训状况。组织为了提高内部员工的技能整体水平，可以在员工招聘时，根据各岗位的岗位说明书进行严格的甄选；而且可以对员工开展各种技能培训或鼓励员工进行自我学习。

（2）激励：激励指激发员工的工作积极性和创造性。激励与员工的个人需要结构、个性、感知、教育、价值观有关。根据需求层次理论，员工在生存、安全和稳定、友谊、尊重与荣誉、自主、自我价值的实现等方面有着不同的需求，企业应该根据员工的不同需求采用不同的激励手段和方式。

（3）环境：环境指影响员工绩效的组织外部客观环境和组织内部客观环境。组织外部客观环境包括社会政治、经济状况、市场竞争强度等。组织内部客观环境包括工作设计的质量、工作任务的性质、管理人员的管理作风和管理方式、组织的组织结构、工资薪酬福利制度、培训机会、企业文化、劳动场所的布局与物理条件等。

（4）机会：机会指的是一种偶然性。对员工而言，被分配到什么样的工作岗位在客观必然性外还带有一定的偶然性。在特定的情况下，员工如果能够得到机会去完成特定的工作任务，则可能达到在原有岗位上无法实现的工作绩效。但机会是随机的，是不能建立在各种假设的基础上的。

2. 绩效的多维性

绩效的多维性是指绩效需从多个角度或多方面去分析与考核，如工作业绩、工作能力、工作态度等。各个企业的绩效考核维度不同，而且在绩效考核时，不同岗位考核的各个维度的权重不同。

3. 绩效的动态性

绩效的动态性是指员工绩效随着时间的推移会发生变化，绩效差的可能改进提高，绩效好的也可能退步变差。绩效的动态性要求发展地看待员工绩效，在进行绩效考核和绩效管理时要注意周期性。在确定绩效考核和绩效管理周期时，要考虑到绩效的动态性，恰当地确定绩效周期。

二、绩效管理的意义

（一）绩效管理的含义

理论界对绩效管理的理解有以下三种观点。

1. 绩效管理是管理组织绩效的系统

该观点将绩效理解为组织绩效，强调通过对组织结构、生产工艺、业务流程等的调整实现组织的战略目标。

2. 绩效管理是管理员工绩效的系统

该观点将绩效理解为员工个体的绩效，强调以员工为核心的绩效管理。

3. 绩效管理是综合管理组织绩效和员工绩效的系统

该观点认为绩效管理的中心目标是发挥员工的积极性和创造力，挖掘员工的潜力，并将组织战略目标的实现与员工个体职业生涯发展有机结合起来，在提高组织绩效的同时实现员工的个人发展和价值。

1994 年，阿姆斯拉尼提出，绩效管理是通过员工与管理者之间达成关于目标、标准和所需要的能力等方面的协议，实现组织、群体和个人目标的过程。本书认为，绩效管理是指为了实现组织的发展战略和目标，采用科学的方法，通过对员工个人和群体的行为表现、劳动态度和工作业绩，以及综合素质的全面监测、分析、考核，充分调动员工的积极性、主动性、创造性，不断改善员工和组织的行为，提高员工和组织的整体素质，挖掘其潜力，最终实现员工个体价值和组织战略目标的活动过程。它是贯穿于企业生产、经营整个过程的活动，将组织与部门、员工个人目标紧密地联系在一起，运用科学的绩效考核方法，从事前策划到过程监控，从事后考核到绩效改进的动态过程。在企业中，绩效管理有组织绩效管理、部门绩效管理和员工绩效管理三个层次。

（二）绩效管理的特点

1. 绩效管理是防止员工绩效不佳，提高员工绩效、部门绩效和组织绩效的有力工具

绩效管理的各个环节都是围绕着提高这三个层次的绩效而展开的。因此，绩效管理不仅要针对工作中存在问题的员工，更要重视如何提高现有绩效水平，并且要确保三个层面的绩效管理方向和步调一致，从而使组织的目标得以实现。

2. 绩效管理强调绩效沟通和员工能力的提高

绩效管理目标的实现必须依赖绩效沟通，通过沟通使各级管理人员认同绩效管理系统；通过沟通达成员工的绩效合约；通过沟通及时发现绩效实施过程中员工的问题和需要得到直接主管帮助的地方；通过沟通开展绩效考核，并对绩效考核结果进行沟通，达成绩效改进的措施。绩效管理非常强调各级管理人员的人力资源管理责任，在实际工作中，各级管理人员都是人力资源管理的执行者，只是与人力资源部门的分工不同。

3. 绩效管理是一个过程

绩效管理由多个相互依存又相互独立的环节构成。绩效管理不仅强调绩效的结果，更重视绩效目标的实现。

三、绩效管理在人力资源管理中的地位和作用

绩效管理是人力资源管理的重要内容，是现代人力资源管理的核心之一。人力资源管理体系是由人力资源战略与规划、员工招聘、员工的培训与发展、绩效管理、薪酬设计与管理、劳动关系管理、员工职业生涯规划与管理等一系列环节构成的有机整体。绩效管理在这个体系中占据核心的地位，起到非常重要的作用。

人力资源管理是企业获得竞争优势的重要工具，是一项落实企业战略的重要管理活动。在人力资源管理过程中，绩效管理具体落实企业的战略目标。绩效管理将企业的战略目标分解到各个部门，各部门再根据员工的能力和工作分工将目标分解到员工个人。因此，对每个员工的绩效进行管理、改进和提高会提高企业整体的绩效，实现企业的经营目标和发展。在进行绩效管理的过程中，应该结合人力资源管理其他方面的工作，这样绩效管理才能取得良好的效果。

（一）与人力资源规划的关系

企业在做人力资源规划时，必须考虑员工和企业平时绩效管理的现状，考虑员工绩效提升的空间。如果员工绩效提升的空间大，人力资源内部供给充足，人力资源空缺就相对小；反之，人力资源空缺就大。

（二）与员工招聘、录用的关系

企业在进行员工招聘和录用的过程中，采用各种测评手段对员工的“潜

质”部分进行测评，侧重考察员工的一些潜在能力或性格与行为特征，从而推断员工在未来的工作中可能表现出来的行为特征。而绩效管理中的绩效考核是对员工“显质”的考核，侧重考察员工表现出来的业绩和行为，是对员工过去的业绩、能力和态度的考核。绩效管理的考核结果是对员工招聘、录用有效性的一种检验。而员工招聘、录用的准确测评也是对员工未来的良好绩效表现的一种预测。

（三）与工作分析的关系

工作分析是绩效管理的重要基础，为绩效管理提供了基本依据。通过工作分析，明确了一个岗位的工作职责及工作产出，并据此制定对该岗位进行绩效考核的关键指标。按照这些关键绩效指标确定对该岗位任职者考核的绩效标准。工作分析所产生的工作说明书是绩效考核指标的重要来源。

（四）与薪酬体系的关系

目前，企业流行的“3P”薪酬模型是以职位价值决定薪酬（pay for position）、以绩效决定薪酬（pay for performance）、以任职者胜任力决定薪酬（pay for person）的有机组合。绩效是决定员工薪酬的重要因素。一般来说，职位价值决定了薪酬中的固定工资部分，而绩效考核结果决定薪酬中的浮动工资部分，如绩效工资等。

（五）与员工提升晋级的关系

绩效管理是员工提升和晋级的重要依据。通过绩效管理活动，可以掌握员工各种相关的工作信息，如工作态度、工作成就、知识和技能的运用情况，从而为人力资源部门的人事决策（如员工提升、晋职、降职、降级等）提供依据。

（六）与培训开发和员工职业生涯规划及管理的关系

绩效考核的结果是培训开发和人力资源规划的依据。绩效管理信息的重要用途，是对员工提供反馈，让他们了解自己的工作情况，从而改进工作中因个人原因产生的缺陷和不足，同时为员工的培训提供可靠的依据。因此，培训开发是在绩效考核后的重要工作，绩效考核只是手段，绩效改进才是目的。同时，绩效管理可以促进员工职业生涯的规划和实现。主管人员将结合员工的绩效现状和员工的发展愿望、兴趣爱好、教育背景，与被考核者共同制订职业生涯规划，并随时调整职业生涯规划，从而实现企业和员工的共同发展。

四、绩效考核与绩效管理的关系

（一）绩效管理与绩效考核的区别

1. 在定义上不同

绩效考核是指一套正式的结构化的制度，用来衡量、考核并影响与员工工作有关的特性、行为和结果，考核员工的实际绩效，了解员工发展潜力，以获得员工与组织的共同发展。绩效管理是指为了实现组织的发展战略和目标，采用科学的方法，通过对员工个人和群体的行为表现、劳动态度和工作业绩，以及综合素质的全面监测、分析、考核，充分调动员工的积极性、主动性、创造性，不断改善员工和组织的行为，提高员工和组织的整体素质，挖掘其潜力的管理活动。

2. 绩效管理与绩效考核出现的阶段和侧重点不同

二者具体区别见表 4-1。

表 4–1　绩效管理与绩效考核的差异

比较对象 区别点	过程的完整性	侧重点	关注的核心	包含的内容	出现的阶段
绩效管理	一个完整的管理过程	侧重于信息沟通与绩效提高，强调事先沟通与承诺	关注过往的绩效	绩效计划的制定、绩效实施与管理、绩效考核、绩效反馈、绩效考核结果的运用	伴随着管理活动的全过程
绩效考核	管理过程中的局部和手段	侧重于判断与考核，强调事后的评价	关注未来绩效	考核的原则、方法、步骤、主体、维度和周期、评分	只出现在特定的时期

（二）绩效管理与绩效考核的联系

绩效考核是绩效管理的核心环节，绩效管理包含绩效考核。绩效考核成功与否不仅与考核本身有关，而且在很大程度上与考核相关联的整个绩效管理过程有关。绩效考核是绩效管理的重要支撑点，它从制度上明确地规定了企业员工和部门绩效考核的具体程序、步骤、主体、周期和方法，为绩效管理的运行与实施提供了前提和基础。

第二节　绩效计划

绩效管理的四个环节组成了一个闭合系统，绩效计划便是这个系统的开端，它对于绩效管理的成功与否有重要影响。良好的计划既是对未来工作的一种规划和指导，也是对最后结果衡量的一种依据。本节我们将对绩效计划这一部分进行介绍，具体内容涉及绩效计划的定义、内容、工具等，希望读者能够对绩效计划有一个深入的理解。

一、绩效计划的定义和作用

（一）绩效计划的定义

绩效计划是整个绩效管理过程的开始，这一阶段主要是要完成制定绩效计划的任务，也就是说通过上级和员工的共同讨论，要确定员工的绩效考核目标和绩效考核周期。对绩效计划的定义，我们可以做如下理解：第一，绩效计划是对整个绩效管理过程的工作的指导和规划，是一种前瞻性的思考。第二，绩效计划包含如下三部分内容：员工在考核周期内的绩效目标体系（包括绩效目标、指标和标准）、绩效考核周期；为实现最终目标，员工在绩效考核周期内应从事的工作和采取的措施；对绩效监控、绩效考核和绩效反馈阶段的工作做一个规划和指导。第三，绩效计划必须由员工和管理者双方共同参与，绩效计划中有关员工绩效考核的事项，如绩效目标等，需经双方共同确认。第四，既然是前瞻性思考，就有可能出现无法预料的事情，所以绩效计划应该随着外界环境和企业战略的变化而随时进行调整，不能墨守成规。

（二）绩效计划的作用

绩效计划对于整个绩效管理工作的成功与否甚至组织的发展都具有重要影响，主要体现在以下几方面：制定行动计划，指导整个绩效管理四个环节的有效实施；增强后续工作的计划性，有效降低浪费和冗余；设定考核指标和标准，有利于组织对员工工作的监控和指导，同时为考核工作提供了衡量指标和标准，使考核得以公正、客观、科学，容易被员工接受；员工参与计划的制订，增强员工的参与感和受重视感，同时提高了员工对绩效目标的承诺；绩效计划是将组织战略目标和员工的考核指标相结合的重要环节，只有经过这一环节，才能使绩效考核和绩效管理上升到组织战略的高度，有助于组织战略目标的实现。

二、绩效计划的主要内容

绩效计划的主要内容有绩效考核目标体系的构建、绩效考核周期的确定和对绩效管理其他三个环节工作的初步规划。这里仅就绩效考核目标体系的构建和绩效考核周期的确定两部分内容进行阐述。

（一）绩效目标

绩效考核目标，或者叫作绩效目标，是对员工在绩效考核期间工作任务和工作要求所做的界定，这是对员工进行绩效考核时的参照系。绩效目标由绩效内容和绩效标准组成。

1. 绩效内容

绩效内容界定了员工的工作任务，也就是说，员工在绩效考核期间应当做什么样的事情，它包括绩效项目和绩效指标两个部分。

绩效项目是指绩效的维度，也就是说，要从哪些方面来对员工的绩效进行考核，按照前面所讲的绩效的含义，绩效的维度即绩效项目有三个：工作业绩、工作能力和工作态度。

绩效指标则是指绩效项目的具体内容，它可以理解为对绩效项目的分解和细化，如对于某一职位，工作能力这一考核项目就可以细化为分析判断能力、沟通协调能力、组织指挥能力、开拓创新能力、公共关系能力及决策行动能力这六项具体的指标。

对于工作业绩，设定指标时一般要从数量、质量、成本和时间这四方面进行考虑；对于工作能力和工作态度，则要具体情况具体对待，根据各个职位不同的工作内容来设定不同的指标。绩效指标的确定有助于保证绩效考核的客观性。确定绩效指标时，应当注意以下几个问题：

（1）绩效指标应当有效。绩效指标应当涵盖员工的全部工作内容，这样才能够准确地评价出员工的实际绩效。这包括两方面的含义：一是指绩效指标不能有缺失，员工的全部工作内容都应当包括在绩效指标中；二是指绩效指标不能有溢出，职责范围以外的工作内容不应当包括在绩效指标中。

（2）绩效指标应当具体。指标要明确地指出到底是要考核什么内容，不能过于笼统，否则考核主体就无法进行考核。例如，在考核教师的工作业绩时，“授课情况”就是一个不具体的指标，因为授课情况涉及很多方面的内容，如果使用这一指标进行考核，考核主体就会无从下手，应当将它分解成以下几个具体的指标：“上课的准时性”“讲课内容的逻辑性”“讲课方式的生动性”，这样考核时就更有针对性。

（3）绩效指标应当明确。当指标有多种不同的理解时，应当清晰地界定其含义，不能让考核主体产生误解，如对于“工程质量达标率”这一指标，就有两种不同的理解，一是指质量合格的工程在已经完工的工程中所占的比率，二是指质量合格的工程在应该完工的工程中所占的比率。这两种理解就有很大的差别，因此应当指明到底是按照哪种含义来进行考核。

（4）绩效指标应当具有差异性。这包括两个层次的含义：一是指对于同一个员工来说，各个指标在总体绩效中所占的比重应当有差异，因为不同的指标对员工绩效的贡献不同，如对于总经理办公室主任来说，公关能力相对就比计划能力要重要。这种差异性是通过各个指标的权重来体现的。二是指对于不同的员工来说，绩效指标应当有差异，因为每个员工从事的工作内容是不同的，例如，销售经理的绩效指标就应当和生产经理的不完全一样。此外，即便有些指标是一样的，权重也应当不一样，因为每个职位的工作重点不同，如计划能力对企业策划部经理的重要性就比对法律事务部经理的重要性要大。

（5）绩效指标应当具有变动性。这也包括两个层次的含义：一是指在不同的绩效周期，绩效指标应当随着工作任务的变化而有所变化。例如，企业在下个月没有招聘的计划但是有对新员工培训的计划，那么人力资源经理下个月的业绩指标中就不应当设置有关招聘的指标，而应当增加有关培训的指标。二是指在不同的绩效周期，各个指标的权重也应当根据工作重点的不同而有所区别，职位的工作重点一般是由企业的工作重点决定的。例如，企业在下个月准备重点提高产品的质量，那么在整个绩效指标中，质量指标所占的比重就应当相应地提高，以引起员工对质量的重视。

2. 绩效标准

设定了绩效指标之后，就要确定绩效指标达成的标准。绩效标准是对员工工作要求的进一步明确，也就是说，对员工绩效内容做出明确的界定；员工应当怎样来做或者做到什么程度，如“产品的合格率达到 90%”“接到投诉后两天内给客户以满意的答复”等。绩效标准的确定，有助于保证绩效考核的公正性，否则就无法确定员工的绩效到底是好还是不好。确定绩效标准时，应当注意以下几个问题：

（1）绩效标准应当明确。按照目标激励理论的解释，目标越明确，对员工的激励效果就越好，因此在确定绩效标准时应当具体清楚，不能含糊不清，这就要求尽可能地使用量化的标准。量化的绩效标准主要有以下三种类型：一是数值型的标准，如“销售额为 50 万元”“成本平均每个 20 元”“投诉的人数不超过 5 人次”等；二是百分比型的标准，如“产品合格率为 95%”“每次培训的满意率为 90%”等；三是时间型的标准，如“接到任务后 3 天内按要求完成”“在 1 个工作日内回复应聘者的求职申请”等。绩效标准量化的方式分为两种：一种是以绝对值的方式进行量化，比如，上面所举的几个例子；另一种是以相对值的方式进行量化，比如，“销售额提高 10%”“成本每个降低 5 元”。这两种方式的本质其实是一样的，只是表现形式不同而已。

此外，有些绩效指标不可能量化或者量化的成本比较高，主要是能力和态度这些工作行为的指标，对于这些指标，明确绩效标准的方式就是给出行为的具体描述，如对于谈判能力，就可以给出 5 个等级的行为描述，从而使这一指标的绩效标准相对比较明确。

表 4–2　谈判能力的绩效标准

等级	定义
S	谈判能力极强，在与外部组织或个人谈判时，能够非常准确地引用有关的法规，熟练地运用各种谈判的技巧和方法，说服对方完全接受我方的合理条件，为公司争取到最大的利益
A	谈判能力较强，在与外部组织或个人谈判时，能够比较准确地引用有关的法规，比较熟练地运用各种谈判技巧和方法，能够说服对方基本接受我方的合理条件，为公司争取到一些利益
B	谈判能力一般，在与外部组织或个人谈判时，基本上能够准确地引用有关的法规，运用一些谈判的技巧和方法，在做出一些让步后能够与对方达成一致意见，没有使公司的利益受到损失
C	谈判能力较差，在与外部组织或个人谈判时，引用有关的法规时会出现一些失误，运用的谈判技巧和方法比较少，在做出大的让步后才能够与对方达成一致意见，使公司的利益受到一定的损失，有时会出现无法与对方达成一致意见的情况
D	谈判能力很差，在与外部组织或个人谈判时，引用有关的法规时出现相当多的失误，基本上不会运用谈判的技巧与方法，经常无法与对方达成一致意见，使公司的利益受到大的损失

（2）绩效标准应当适度。就是说制定的标准要具有一定的难度，但是员工经过努力又是可以实现的，通俗地讲就是“跳一跳可以摘到桃子”。这同样是源于目标激励理论的解释，目标太容易或者太难，对员工的激励效果都会大大降低，因此绩效标准应当在员工可以实现的范围内确定。

（3）绩效标准应当可变。这包括两个层次的含义：一是指对于同一个员工来说，在不同的绩效周期，随着外部环境的变化，绩效标准有可能也要变化。例如，对于空调销售员来说，由于销售有淡季和旺季之分，因此淡季的绩效标准就应当低于旺季。二是指对于不同的员工来说，即使在同样的绩效周期，由于工作环境不同，绩效标准也有可能不同。仍以空调销售员为例，有两个销售员，一个在昆明工作，另一个在广州工作，由于昆明的气候原因，人们对空调基本上没有需求，而广州的需求则比较大，因此这两个销售员的绩效标准就应当不同，在广州工作的销售员，绩效标准就应当高于在昆明工作的销售员。

3. 绩效目标的 SMART 原则。

对于绩效目标的设计要求，一般可概括为以下五个原则，简称“明智”（SMART）原则：

第一，目标明确具体原则（specific）。绩效目标必须是具体的，以保证其明确的牵引性。由于每位员工的具体情况不同，绩效目标要明确、具体地体现出管理者对每一位员工的绩效要求。

第二，目标可衡量原则（measurable）。绩效目标必须是可衡量的，必须有明确的衡量指标。所谓衡量，就是指员工的实际绩效表现与绩效目标之间可以进行比较。

第三，目标可达成原则（attainable）。绩效目标必须是可以达到的，不能因指标的无法达成而使员工产生挫折感，但这并不否定其应具有挑战性。

第四，目标相关原则（relevant）。绩效目标必须是相关的，它必须与公司的战略目标、部门的任务及职位职责相联系。

第五，目标时间原则（time-based）。绩效目标必须是以时间为基础的，即必须有明确的时间要求。

（二）绩效考核周期

绩效考核周期，也可以叫作绩效考核期限，就是指多长时间对员工进行一次绩效考核。由于绩效考核需要耗费一定的人力、物力，因此考核周期过短，会增加企业管理成本的开支；但是，绩效考核周期过长，又会降低绩效考核的准确性，不利于员工工作绩效的改进，从而影响到绩效管理的效果。因此，在准备阶段，还应当确定出恰当的绩效考核周期。

绩效考核周期的确定，要考虑到以下几个因素：

1. 职位的性质

不同的职位，工作的内容是不同的，因此绩效考核的周期也应当不同。一般来说，如果职位的工作绩效是比较容易考核的，考核周期相对要短一些，如工人的考核周期相对就应当比管理人员的要短。其次，如果职位的工作绩效对企业整体绩效的影响比较大，考核周期相对要短一些，这样有助于及时发现问题并进行改进，如销售职位的绩效考核周期相对就应当比后勤职位的要短。

2. 指标的性质

不同的绩效指标，其性质是不同的，考核的周期也应当不同。一般来说，性质稳定的指标，考核周期相对要长一些；相反，考核周期相对就要短一些。例如，员工的工作能力比工作态度相对要稳定一些，因此能力指标的考核周期相比态度指标就要长一些。

3. 标准的性质

在确定考核周期时，还应当考虑到绩效标准的性质，就是说考核周期的长度应当保证员工经过努力能够实现这些标准，这一点其实是和绩效标准的适度性联系在一起的，例如，“销售额为 50 万元”这一标准，按照经验需要 2 周左右的时间才能完成，如果将考核周期定为 1 周，员工根本就无法完成；如果定为 4 周，又非常容易实现。在这两种情况下，对员工的绩效进行考核都是没有意义的。

三、绩效计划的工具

自 20 世纪 50 年代以来，绩效管理逐渐发展成为人力资源管理理论研究的重点，学者们先后研究提出了目标管理、关键绩效指标（key performance indicators，KPI）、平衡计分卡（balance scorecard，BSC）等工具。其中以 KPI 和 BSC 为基础构建的绩效考核指标体系，一方面能够很好地将组织的战略目标和具体的考核指标相结合，另一方面也具有较强的可操作性，通过企业的实践获得了大家的认可，成为越来越受欢迎的绩效计划工具。

（一）关键绩效指标

随着管理实践的不断发展和成熟，绩效管理也逐渐上升到战略高度，强调对企业战略规划的承接。管理学界探索各种评估方法，将结果导向和行为导向的评估方法的优点相结合，强调工作行为和目标达成并重。在这种背景下，关键绩效指标应运而生。

1. 关键绩效指标的基本内涵

关键绩效指标是衡量企业战略实施效果的系统性关键指标，它是战略目标通过层层分解产生的可操作性的指标体系。其目的是建立一种机制，将企业战略转化为内部过程和活动，不断增强企业的核心竞争力，使企业能够得到持续的发展。根据这一定义，我们可以从以下几方面深入理解其具体含义。

（1）关键绩效指标是衡量企业战略实施效果的关键的指标体系。这有三个层面的含义：首先，关键绩效指标的功能是用来衡量企业战略实施效果的，是战略导向的；其次，关键绩效指标强调关键，即最能有效影响企业价值创造的关键驱动因素，是对企业成功具有重要影响的方面；最后，关键绩效指标是一套指标体系，体系里面包含了所有对企业成功具有重要影响的衡量指标。

（2）关键绩效指标体现的是对组织战略目标有增值作用的绩效指标。关键绩效指标是连接个人绩效和企业战略目标的桥梁，可以引导员工真正做出有利于组织战略目标实现的行为。

（3）关键绩效指标是用于评价和管理员工绩效的可量化的和可行为化的标准体系。关键绩效指标体系是用来对员工的工作行为和工作结果进行衡量的，指标必须是可以量化或可行为化的，否则便无法用来衡量和考核。

2. 关键绩效指标体系与传统绩效考核体系的区别

关键绩效指标体系和传统绩效考核体系在很多方面存在差别，具体而言，在前提假设、考核目的、指标来源等方面都有差别。

3. 基于关键绩效指标的绩效指标体系设计

关键绩效指标体系作为一种系统化的指标体系，包括三个层面的指标：企业级关键绩效指标、部门级关键绩效指标和个人级关键绩效指标。三个层面由上至下、由宏观到微观，层层传递；三个层面由下至上、由微观到宏观，层层支撑，形成一个相互联系的系统。

（1）企业级关键绩效指标体系的确定。关键绩效指标的建立是一项专业的工作，一般需要聘请外部专家进行指导。通过关键成功分析法选择KPI，有以下四个步骤：

第一步，专家与企业高层领导一起明确企业未来的发展方向和战略目标。基于企业的战略目标，借助鱼骨图法或头脑风暴法分析企业获得成功的关键业务重点，这些业务领域就是公司的关键结果领域（key result areas），以此确定 KPI 维度；这一步通常需要思考两个问题：企业的成功靠什么？企业未来追求的目标是什么？

第二步，进一步分解，把关键结果领域层层分解为关键绩效要素（key performance factors），即确定 KPI 要素；关键绩效要素是对关键结果领域的细化和描述，主要回答如下几个问题：每个关键成功领域包括哪几方面的内容？如何保证在该领域获得成功？达成该领域成功的关键措施和手段是什么？达成该领域成功的标准是什么？

第三步，为了便于对这些要素进行量化考核，再将这些要素细分为各项指标，即关键绩效指标。但是针对每一要素，都可能有很多指标可以反映其特性，所以要对这些指标进行筛选，选择最终的 KPI。确定关键绩效指标时应遵循 SMART 原则。

第四步，对每项最终选择的关键绩效指标设置评价标准，即在各个指标上应该达到什么样的水平。综合以上各种因素，得出企业级关键绩效指标汇总表。至此，一个完善的企业级关键指标体系才算完成。

需要注意的是，公司的关键绩效指标不是一蹴而就的，需要经过试运行，然后收集相关人员的意见，对初步建立的指标体系进行补充、修改、完善，最后确立稳定可行的关键绩效指标体系。另外，指标体系应该与组织的战略目标保持一致，而组织的战略会随着内外环境的变化而变化，所以指标体系也不是一成不变的，应该随着战略的变化而进行调整。

（2）部门级关键绩效指标的确定。得出企业级关键绩效指标以后，部门管理人员应该在专家的指导下，将企业级指标分配或分解到相应的部门，形成部门级关键绩效指标。具体做法如下：首先确认企业级指标是否可以直接被部门承担，对于可以承担的就可以直接过渡为部门级指标，对于不能直接承担的，可以按组织结构分解或是按主要流程分解。

（3）个人级关键绩效指标的确定。按照相同的办法，将部门级指标进行承担或分解，形成个人关键绩效指标。

需要注意的是，部门级和个人级的关键绩效指标都来源于企业级关键绩效指标，所以部门级和个人级的指标理应随着企业级指标的改变而适时做出调整。

（二）平衡计分卡

哈佛大学教授罗伯特·卡普兰和复兴全球战略集团的创始人兼总裁大卫·诺顿对 12 家公司进行了一项研究，以寻求新的绩效评价方法。在讨论了多种可能的替代方法后，他们决定采用计分卡来建立一套囊括整个组织各方面活动的绩效评价系统，并将这种新的工具命名为“平衡计分卡”。平衡计分卡诞生后，逐渐被各类组织接受并广泛采用。据统计，《财富》1000 强企业中，有 70% 的公司采用了平衡计分卡。全球经典的管理学杂志《哈佛商业评论》更是将其列为 20 世纪最有影响力的管理工具之一。

卡普兰和诺顿认为：“如果你不能描述，就不能衡量；如果你不能衡量，就不能管理。”战略地图是对战略的一个描述框架，它使战略清晰化，并且清楚地描述了战略目标和驱动因素之间的因果逻辑联系。平衡计分卡则是对战略的衡量，平衡计分卡将战略地图目标转化为指标和目标值，并为每一目标制定行动方案，通过执行行动方案，战略得以实现。所以，平衡计分卡和战略地图是一脉相承的关系，先用战略地图对公司的战略进行描述，然后利用平衡计分卡从四个层面对战略进行衡量。正是由于战略地图和平衡计分卡的结合，使得这套工具由绩效衡量工具上升为战略管理工具。

1. 战略地图

“突破性的成果 = 描述战略 + 衡量战略 + 管理战略”，该公式很好地描述了卡普兰和诺顿的管理学思想。战略地图正是对战略的描述，它提供了一种战略可视化的表示方法，使用一页图描述了企业在财务层面、客户层面、内部流程层面和学习与成长层面的战略，并详细阐述了四个层面目标之间的因果联系——关键流程为目标客户创造并传递企业价值主张，促进企业财务层面的生产率目的，同时确定了支撑内部关键流程必不可少的无形资产。

当然，企业的战略地图来源于战略，每个企业都应该依据自己的战略制定地图，所以，对于采取不同发展战略的企业而言，客户层面的价值主张、内部流程、学习与成长层面都是截然不同的，战略地图也就各不相同。详细的内容这里不多做介绍，有兴趣的读者可以查阅相关书籍。

2. 平衡计分卡概述

平衡计分卡以企业的战略和使命为基础，依托于战略地图中所描述的企业战略，对每项战略进行分解，制定衡量指标和目标值，同时配之以达成目标的行动方案，形成一套对战略进行衡量的考核指标体系。平衡计分卡从四个层面来衡量企业的绩效：财务层面、客户层面、内部流程层面和学习与成长层面。这四个层面将财务指标和非财务指标有机结合在一起，打破了以财务指标为核心的传统的绩效管理系统框架。平衡计分卡将企业的战略目标和绩效评价指标紧密联系起来，对员工的行为起着更明确的导向作用，有助于企业战略目标的实现。同时，平衡计分卡实现了财务指标和非财务指标的平衡、组织内外部指标的平衡、前置指标和滞后指标的平衡、长期指标和短期指标的平衡。

（1）财务层面。财务层面可以衡量公司的财务和利润情况，考察战略的实施和执行能否为最终经营成果的改善做出贡献，财务层面是其他层面的目标和指标的核心。财务层面的最终目标是利润最大化，企业的财务目标通过两种方式实现：收入增长和生产率提高。不同类型的企业在不同的发展时期会有不同的财务目标，但是一般而言，可以将财务目标分成收入增长、生产率提高、成本下降、资产利用、风险管理等主题，企业可以从中选择适当的财务目标。

（2）客户层面。客户层面反映了企业吸引客户、保留客户和提高客户价值方面的能力。企业应该首先确定自己的目标客户和细分市场，然后针对目标客户确定自己的客户价值主张。卡普兰和诺顿提供了四种通用的价值主张，即竞争战略、总成本最低战略、产品领先战略、全面客户解决方案和系统锁定战略。四种战略都有利有弊，企业应该根据自己的战略目标、所处环境等实际情况做出选择。然后针对不同的客户价值主张确定核心指标。可能使用的衡量指标有客户满意度、客户保持率、市场份额等。

（3）内部流程层面。内部流程层面反映了企业内部运营的资源和效率，关注促使企业绩效更好的决策和行动过程，特别是对顾客满意度和股东满意度有重要影响的流程。内部流程可以分为四类：运营管理流程、客户管理流程、创新流程及法规与社会流程。内部流程是企业改善经营业绩的重点，常见的指标包括产品合格率、生产周期、新产品开发速度、出勤率等。

（4）学习与成长层面描述了前面三个层面的基础架构，是驱使前三个层面获得成功的内在动力。学习与成长层面关注组织未来的发展潜力，主要有三个来源：人、系统和组织程序。相对于其他层面而言，该层面可以考虑选用的指标有员工的满意度、保留率、战略信息覆盖率、战略目标的一致性等。

平衡计分卡四个层面的指标和目标都来源于组织的使命、愿景和战略，是对使命、愿景、战略的分解、细化和现实支撑。四个层面内部存在层层支撑、层层传递的内在联系，构成了一个紧密联系、有机统一的整体。

四、绩效计划的基本过程

在制订计划时，管理人员需要根据上一级部门的目标，围绕本部门的职责、业务重点及客户（包括内部各个部门）对本部门的需求来制订本部门的工作目标。然后根据员工所在职位的职责，将部门目标分解到具体责任人，形成员工的绩效计划。因此，绩效目标大致有三个主要来源：一是上级部门的绩效目标；二是职位职责；三是内外部客户的需求。管理人员在制订绩效计划时，一定要综合考虑以上三方面的来源。一般来说，绩效计划包括三个阶段：准备阶段、沟通阶段、绩效计划的审定与确认阶段。

在准备阶段，管理人员需要了解组织的战略发展目标和计划、企业年度经营计划、部门的年度工作重点、员工所在职位的基本情况、员工上一绩效周期的绩效考核结果等信息。同时，管理人员还需要决定采用什么样的方式来进行绩效计划的沟通。

在沟通阶段，管理人员与员工主要通过对环境的界定、能力的分析，确定有效的目标，制定绩效计划，并就资源分配、权限、协调等可能遇到的问题进行讨论。一般情况下，绩效计划沟通时应该至少回答四个问题：

该完成什么工作？按照什么样的程序完成工作？何时完成工作？需要哪些资源与支持？

在绩效计划的审定与确认阶段，管理人员需要与员工进一步确认绩效计划，形成书面的绩效合同，并且管理人员和员工都需要在该文档上签字确认。需要补充的是，在实际工作中，绩效计划一经订立并不是不可改变的，环境总是在不断发生变化，在计划的实施过程中往往需要根据实际情况及时对绩效计划进行调整。

绩效计划的结果是绩效合同，所以很多管理人员过分关注最终是否能完成绩效合同。实际上，最终的绩效合同很重要，制订绩效计划的过程也非常重要。在制订绩效计划的过程中，管理人员必须认识到，绩效计划是一个双向的沟通过程，一方面，管理人员需要与员工沟通部门对员工的期望与要求，另一方面，员工也需要与管理人员沟通自己的认识、疑惑、可能遇到的问题及需要的资源等。在制订绩效计划的过程中，员工的参与和承诺也是至关重要的因素。因为按照目标激励理论的解释，只有当员工承认并接受某一目标时，这一目标实现的可能性才比较大。通过员工的参与，员工对绩效目标的承诺与接受程度就会比较高，从而有助于绩效目标的实现。

第三节　绩效考核

一、绩效考核过程模型

绩效考核也叫绩效评价，就是指在考核周期结束时，选择相应的考核主体和考核方法，收集相关的信息，对员工完成绩效目标的情况做出考核。

绩效考核结果会对人力资源管理其他职能产生重要影响，也关系着员工的切身利益，受到全体员工的重视。为了确保绩效考核结果的公正性、客观性和科学性，企业应该建立一套科学的绩效管理流程。一般而言，企业在进行绩效考核时，要经过五个步骤。

（一）确立目标

这一步骤需要明确组织的战略目标、选择考核对象。这一过程主要在绩效计划中实现：使用平衡计分卡和关键绩效指标两种考核工具，考核指标体系的建立都是发源于组织的使命和战略目标。同时，BSC 和 KPI 都是对组织战略目标的层层分解，由组织目标到部门目标再到员工个人目标，利用这些目标分别对组织层面、部门层面和个人的绩效进行评价，这里不再赘述

（二）建立评价系统

建立评价系统包括三方面的内容：确定评价主体、构建评价指标体系、选择适当的考核方式。其中构建指标体系在前文的绩效计划部分已有介绍，即通过 BSC 和 KPI 进行指标体系的构建。对于考核主体和考核方式，会在后文进行详细阐述。

（三）整理数据

把在绩效监控阶段所收集到的数据进行整合与分析，按照考核指标和标准进行界定、归类。在这一过程中，要尽量减少主观色彩，以客观事实和客观标准来进行，以保证最终考核结果的公正客观。

（四）分析判断

在这一阶段，需要对信息进行重新整合，按照所确定的评价方式对评

价对象做出最终的判断。

（五）输出结果

考核结束后，需要得出一个具体的考核结果，考核结果既要包括绩效得分和排名，也应该对绩效结果进行初步的分析，找出优秀或不足的原因，以供后面的反馈和改进之用。

二、绩效考核过程中的关键点

绩效考核是一项系统工程，其中包括多项工作，只有每一项工作都落实到位，考核工作才能有实效。具体而言，主要有以下几方面的工作：考核对象的确定、考核内容的确定、考核主体的确定、考核方法的选择。

（一）考核对象的确定

正如前文所说，在企业中，考核对象一般包括组织、部门和员工三个层面。针对不同的对象，考核内容也会有所不同。绩效计划阶段中所提到的两种绩效考核工具——平衡计分卡和关键绩效指标，很好地将三个层面的绩效考核指标结合了起来。一般来说，企业在绩效管理过程中，应该优先考虑组织层面的考核，然后关注部门层面的考核，最后再关注员工层面的考核。

（二）考核内容的确定

由于本书中所讲的绩效考核主要是针对员工个人而言，所以我们这里就以对员工的绩效考核为例，说明考核内容的确定。

根据绩效考核的定义，我们可以发现，考核主要针对三部分内容：工作能力、工作态度和工作业绩。所以，考核的内容理应包括工作能力、工作态度和工作业绩。其中，工作能力和工作态度主要是通过胜任素质来考核。

所谓工作业绩，也就是员工的直接工作结果。结果在某种程度上体现了员工的工作能力和工作态度，对员工的工作业绩进行评价，可以直观地说明员工工作完成的情况，更重要的是，工作业绩可以作为一种信号和依据，揭示员工可能存在的需要提高和改进的地方。一般而言，我们可以从数量、质量和效率三方面出发，来衡量员工的业绩。但是不同类型工作的业绩体现也有所不同，如销售人员和办公室工作人员的业绩就不能用同一套指标和标准来衡量。所以，一定要针对不同的岗位设计合理的考核指标体系，这样才能科学、有效地对员工的业绩进行衡量。尽可能量化要考核的业绩方面，对于实在不能量化的方面，也要建立统一的标准，尽可能客观。

（三）考核主体的确定

考核主体是指对员工的绩效进行考核的人员。由于企业中岗位的复杂性，仅凭借一个人的观察和评价很难对员工做出全面的绩效考核。为了确保考核的全面性、有效性，在实施考核的过程中，应该从不同岗位、不同层次的人员中，抽出相关成员组成考核主体并参与到具体的考核中来。

考核主体一般包括五类成员：上级、同事、下级、员工本人和客户。

1. 上级

上级是最主要的考核主体。上级考核的优点：由于上级对员工有直接的管理责任，因此他们通常最了解员工的工作情况。此外，用上级作为考核主体还有助于实现管理的目的，保证管理的权威。上级考核的缺点在于：上级领导往往没有足够的时间来全面观察员工的工作情况，考核信息来源单一；容易受到领导个人的作风、态度以及对下属员工的偏好等因素的影响，可能产生个人偏见。

2. 同事

由于同事和被考核者在一起工作，因此他们对员工的工作情况也比较了解；同事一般不止一人，可以对员工进行全方位的考核，避免存在个人的偏见。此外，还有助于促使员工在工作中与同事配合。同事考核的缺点：人际关系的因素会影响考核的公正性，和自己关系好的就给高分，不好的就给低分；大家有可能协商一致，相互给高分；还有就是可能造成相互的猜疑，影响同事之间的关系。

3. 下级

用下级作为考核主体，优点：可以促使上级关心下级的工作，建立融洽的员工关系；由于下级是被管理的对象，因此最了解上级的领导管理能力，能够发现上级在这方面存在的问题。下级考核的缺点：顾及上级的反应，往往不敢真实地反映情况；有可能削弱上级的管理权威，造成上级对下级的迁就。

4. 员工本人

用员工本人作为考核主体进行自我考核，优点：能够增加员工的参与感，加强自我开发意识和自我约束意识；有助于员工对考核结果的接受。缺点：员工对自己的评价往往偏高；当自我考核和其他主体考核的结果差异较大时，容易引发矛盾。

5. 客户

就是由员工服务的对象来对他们的绩效进行考核，这里的客户不仅包括外部客户，还包括内部客户。客户考核有助于员工更加关注自己的工作结果，提高工作的质量。它的缺点：客户更侧重于员工的工作结果，不利于对员工进行全面的评级；有些职位的客户比较难以确定，不适合使用这种方法。

由于不同的考核主体收集考核信息的来源不同，对员工绩效的看法也会不同，为了保证绩效考核的客观公正，应当根据考核指标的性质来选择考核主体，选择的考核主体应当是对考核指标最为了解的，如“协作性”由同事进行考核、“培养下属的能力”由下级进行考核、“服务的及时性”由客户进行考核等。由于每个职位的绩效目标都由一系列的指标组成，不同的指标又由不同的主体来进行考核，因此每个职位的评级主体也有多个。此外，当不同的考核主体对某一个指标都比较了解时，这些主体都应当对这一指标做出考核，以尽可能地消除考核的片面性。

（四）考核方法的选择

实践中，绩效考核的方法有很多。这些方法大致可以归结为三类：一是比较法；二是量表法；三是描述法。各种方法都有自己的优缺点，企业在进行考核时应当根据具体的情况选择合适的考核方法。

1. 比较法

比较法是一种相对考核的方法，通过员工之间的相互比较得出考核结果。这类方法比较简单而且容易操作，可以避免宽大化、严格化和中心化倾向的误区，适合作为奖惩的依据。但是，这种方法对实现绩效管理的目的，发挥绩效管理的作用帮助却不大，不能提供有效的反馈信息，因为这类方法不是对员工的具体业绩、能力和态度进行考核，只是靠一种整体的印象来得出考核结果；还有就是无法对不同部门的员工做出比较。比较法主要有以下几种：

（1）个体排序法。这种方法也叫排队法，就是把员工按照从好到坏的顺序进行排列。该方法适用于人员比较少的组织。

（2）配对比较法。顾名思义，这种方法就是把每一位员工与其他员工一一配对，分别进行比较；每一次比较时，给表现好的员工记“+”，另一个员工就记“-”。所有员工都比较完后，计算每个人“+”的个数，依此对员工做出考核——谁的“+”多，谁的名次就排在前面。

（3）人物比较法。人物比较法就是在考核之前，先选出一位员工，以他的各方面表现为标准，对其他员工进行考核。

（4）强制比例法。这种方法首先要确定出绩效考核结果的等级，然后按照正态分布的原理确定出各个等级的比例，最后按照这个比例，根据员工的表现将他们归入不同的等级中。

2. 量表法

量表法就是将绩效考核的指标和标准制作成量表，依此来对员工的绩效进行考核。这是最为常用的一类方法，它的好处：因为有了客观的标准，因此可以在不同的部门之间进行考核结果的横向比较；由于有了具体的考核指标，因此可以确切地知道员工到底在哪些方面存在不足和问题，有助于改进员工的绩效，为人力资源管理的其他职能提供科学的指导。这种方法的缺点是，开发量表的成本比较高，需要制定出合理的指标和标准，这样才能保证考核的有效性。量表法主要有以下几种：

（1）评级量表法。这种方法指在量表中列出需要考核的绩效指标，将每个指标的标准区分成不同的等级，每个等级都对应一个分数。考核时考核主体根据员工的表现，给每个指标选择一个等级，汇总所有等级的分数，就可以得出员工的考核结果。

（2）行为锚定评价法。行为锚定评价法是由美国学者史密斯和肯德尔在美国护士联合会的资助下于 1963 年经过研究提出的一种考核方法。这种方法是利用特定行为锚定量表上不同的点的图形测评方法，在传统的评级量表法的基础上演变而来，是评级量表法与关键事件法的结合。在这种考核方法中，每一水平的绩效均用某一标准行为来加以界定。

建立行为锚定评价法，通常需要经过以下五个步骤：

第一，确定关键事件。由一组对工作内容较为了解的人（员工本人或其直接上级）找出一些代表各个等级绩效的关键事件。

第二，初步建立绩效考核要素。将确定的关键事件合并为几个（通常是 5 ~ 10 个）绩效要素，并给出绩效要素的定义。

第三，重新分配关键事件，确定相应的绩效考核要素。向另外一组同样熟悉工作内容的人展示确定的考核要素和所有的关键事件，要求他们对关键事件进行重新排列，将这些关键事件分别归入他们认为合适的绩效要素中。如果第二组中一定比例的人（通常是 50% ~ 80%）将某一关键事件归入的考核要素与前一组相同，就能够确认这一关键事件应归入的考核要素。

第四，确定各关键事件的考核等级。后一组的人评定各关键事件的等级（一般是 7 分或 9 分的尺度，可能是连续尺度，也可能是非连续尺度），就确定了每个考核要素的“锚定物”。

第五，建立最终的行为锚定评价表。使用行为锚定评价法比起使用其他的绩效考核方法来说需要花费更多的时间，设计时也比较麻烦，使用的工作类型也有限（仅适用于不太复杂的工作），但是这种方法也存在一些十分明显的优点。

首先，考核指标之间的独立性较高。在设计过程中，设计人员将众多的关键事件归纳为 5 ~ 8 种绩效指标，使得各绩效指标之间的相对独立性较强。例如，对于用关键事件加以界定的“服务态度”和“工作积极性”，人们不太容易将这两种考核要素混同起来。

其次，考核尺度更加精确。不论是从设计的过程还是所使用的尺度类型来说，行为锚定评价法中使用的考核尺度相对于其他各类考核方法更为精确。由于是由那些对工作最为熟悉的人来编制“锚定物”及相应于某个特定等级的关键事件的，因而能够更加确切地找出最适合某个特定岗位的考核尺度。另外，考核尺度的确定以职位分析为基础，依据的是员工的客观行为，有利于考核者更加清楚地理解各个考核等级的含义，避免发生各类考核误差。

最后，具有良好的反馈功能。这种方法能够将企业战略和它所期望的行为有效地结合起来，能够向员工提供指导和信息反馈，指出行为缺点，有助于实现绩效考核的行为导向目的。

行为锚定法是一种行为导向型的考核方法，这种考核方法所使用的考核尺度是行为导向的，因而要求考核者对正在执行任务的员工进行评价，而不是针对预期的工作目标进行评价。这在实际操作中往往会造成一定的困扰。另外，行为锚定评价法的最大问题可能在于考核者在尝试从量表中选择一种代表某员工绩效水平的行为时往往会有困难，因为有时一个员工的行为表现可能出现在量表的两端，科学的设计过程有助于尽量避免这种情况，但实践中难免会有这种情况发生。

（3）行为观察量表法。行为观察量表法指在考核各个具体的项目时给出一系列有关的有效行为，考核者通过指出员工表现各种行为的频率来评价他的工作绩效。例如，将一个五分的量表分为“几乎没有”到“几乎总是”五个等级，通过将员工在每一种行为上的得分相加得到各个考核项目上的得分，最后根据各个项目的权重得出员工的总得分。

由于行为观察法能够将企业发展战略和它所期望的行为结合起来，因此能够向员工提供有效的信息反馈，指导员工如何得到高的绩效评分。管理人员也可以利用量表中的信息有效地监控员工的行为，并使用具体的行为描述提供绩效反馈。此外，这种方法使用起来十分简便，员工参与性强，容易接受。

但是，这种方法存在以下缺陷：

第一，只适用于行为比较稳定、不太复杂的工作。只有这类工作才能够准确详细地找出有关的有效行为，从而设计出相应的量表。

第二，不同的考核者对“几乎没有—几乎总是”的理解有差异，结果导致绩效考核的稳定性下降。

第三，与其他行为导向型的考核方法相同，在开发行为观察量表时要以职位分析为基础，而且每一个职务的考核都需要单独进行开发，因此开发成本相对较高。

（4）混合标准测评法。这种考核方法是美国学者布兰兹于 1965 年创立的。在他所设计的“混合标准测评量表”中，包含许多组概念上相容的描述句（通常是 3 个一组），用来描述同一考核项目的高、中、低三个层次。这些描述句在测评量表中是随机排列的，考核者只需指出被考核者的表现是“好于”“相当于”还是“劣于”描述句中所叙述的行为即可。

3. 描述法

描述法是指考核主体用叙述性的文字来描述员工在工作业绩、工作能力、工作态度方面的优缺点、需要加以指导的事项和关键事件等，由此得到对员工的综合考核。通常这种方法是作为其他考核方法的辅助方法来使用的，因为它提供了对员工进行考核和反馈的事实依据。根据记录事实的不同，描述法可以分为业绩记录法、能力记录法、态度记录法和综合记录法，这里我们只介绍综合记录法中最具代表性的一种方法——关键事件记录法。关键事件记录考核法是由美国学者弗拉纳根和巴拉斯共同创立的，就是通过观察，记录下员工完成工作时特别有效和特别无效的行为，依此对员工进行考核评价。

三、绩效考核中的误区

由于绩效考核是一种人对人的评价，在这一过程中往往会出现一些错误或者不当的行为，从而影响到考核的效果。为了避免这些错误，我们首先应当知道这些错误是什么。绩效考核中容易产生的误区一般有以下几种。

（一）晕轮效应

这种错误就是指以员工某一方面的特征为基础对总体做出评价，通俗地讲就是“一好遮百丑”。举一个简单的例子，大家可能都有这样的经历，在学校时，学习成绩好的学生总是能够当选“三好”学生，尽管有些人在“德”和“体”方面并不符合要求，这就是晕轮效应造成的结果。

（二）逻辑错误

这种错误是指考核主体使用简单的逻辑推理而不是根据客观情况来对员工进行评价。例如，按照“口头表达能力强，公共关系能力就强”这种逻辑，根据员工的口头表达能力来对公共关系能力做出评价。

（三）近期误差

这种错误是指以员工在近期的表现为根据对整个绩效考核周期的表现做出评价。如考核周期为半年，员工只是在最近几周总提前上班，以前总是迟到，考核主体就根据最近的表现将员工的出勤情况评为优秀。

（四）首因效应

这种错误和近期误差正好相反，是指考核主体根据员工起初的表现而对整个绩效考核周期的表现做出评价。例如，员工在考核周期开始时非常努力地工作，绩效也非常好，即使他后来的绩效并不怎么好，上级还是根据开始时的表现对他在整个考核周期的绩效做出了较高的评价。

（五）类我效应

这种错误就是指考核主体将员工和自己进行对比，与自己相似的就给予较高的评价，与自己不同的就给予较低的评价。例如，一个作风比较严谨的上级，对做事一丝不苟的员工评价比较高，而对不拘小节的员工评价比较低，尽管两个人实际的绩效水平差不多。

（六）对比效应

这种错误就是指在绩效考核中，因他人的绩效评定而影响了对某员工的绩效评价。例如，考核主体刚刚评定完一名绩效非常突出的员工，紧接着评价另一位绩效一般的员工，这时就可能因为两者之间存在一定差距而将本来属于中等水平的员工的绩效评定为“较差”级别。

（七）溢出效应

这种错误就是指根据员工在考核周期以外的表现对考核周期内的表现做出评价。例如，生产线上的工人在考核周期开始前出了一次事故，在考核周期内他并没有出现问题，但是由于上次事故的影响，上级对他的绩效评级还是比较低。

（八）宽大化倾向

这种错误就是指考核主体放宽考核的标准，给所有员工的考核成绩都比较高。与此类似的错误还有严格化倾向和中心化倾向，前者指掌握的标准过严，给员工的考核成绩都比较低；后者指对员工的考核成绩比较集中，既不过高，也不过低。

为了减少甚至避免这些错误或者不当的行为，应当采取以下措施：第一，建立完善的绩效目标体系，绩效考核指标和绩效考核标准应当具体、明确；第二，选择恰当的考核主体，考核主体应当对员工在考核指标上的表现最为了解，这两个问题在前面已经做过详细的阐述；第三，选择合适的考核方法，如强制分布法和排序法就可以避免宽大化、严格化和中心化倾向；第四，对考核主体进行培训，考核开始前要对考核主体进行培训，指出可能存在的误区，从而使他们在考核过程中能够有意识地避免这些误区。

第四节　绩效考核结果的反馈

绩效管理的目的是通过绩效考核提高员工、部门、公司整体的绩效表现。因此，绩效反馈是绩效考核后非常重要的一环。通过绩效反馈面谈，使员工明确自己的绩效现状，了解主管对自己的期望，找到自己有待改进的方面；提出自己在完成绩效目标中遇到的困难，寻求上级帮助；协商下一个绩效周期的绩效目标，制定新的绩效合约。

一、绩效反馈的时间、地点、方式、主体的确定

（一）绩效反馈的时间

大多数企业要求绩效反馈在绩效考核结束后的一定时间（如 5 ~ 10 日）内完成。绩效反馈要求选在双方都有空闲的时间进行，并避免接近下班时间，以免影响绩效反馈的效果。同时，主管要计划好绩效反馈需要花费多长时间，以便双方把握好绩效反馈的进度和安排好自己的工作。

（二）绩效反馈地点

反馈地点建议选择在氛围比较轻松的地方，如公司的小型会议室或员工的工作台附近（有条件的公司也可以在咖啡厅）。绩效反馈时，尽量不在主管的人力资源部，因为在人力资源部会经常因为电话的影响、来访人员的影响等原因，影响到绩效反馈的效果。

（三）绩效反馈方式

绩效反馈多数采用面谈的形式，也可以采用书面的形式。绩效反馈时，双方可以采用圆桌会议或双方呈一定的角度而坐的方桌会议形式，避免双方目光过于直射，从而缓和心理紧张，避免心理冲突。

（四）绩效反馈的主体

绩效反馈的主体分 3 种情况：一是，一般员工的绩效考核结果由直接主管进行反馈；二是，中层管理人员实行直接主管和人力资源部负责人一起进行绩效反馈；三是高层管理人员由董事会进行反馈。

二、绩效反馈面谈的原则

为了提高绩效反馈面谈的效果，主管人员与员工进行绩效反馈时必须遵循如下原则：

（1）建立和维护双方的信任；

（2）清楚地向员工说明绩效面谈的目的；

（3）尽量少批评，避免出现对立和冲突；

（4）鼓励下属说话，多问少讲，认真倾听员工意见；

（5）集中在绩效，而不是员工个体的性格特征；

（6）集中于未来而非过去，重点放在解决问题上；

（7）通过赞扬肯定员工有效业绩，优点和缺点并重；

（8）反馈要具体，制定具体的绩效改善目标，确定绩效改进检查的日期和方法；

（9）绩效反馈经常化，而不要只在年底绩效考核后进行；

（10）以积极的方式结束绩效面谈。

三、绩效反馈的主要内容

绩效反馈时，双方主要就以下内容进行沟通：

（1）本次绩效考核的目的和考核标准；

（2）员工的工作表现及考核结果；

（3）主管就员工的每一项工作目标达成情况的意见及对员工绩效的期望，员工谈是否有不同的看法；

（4）员工在绩效期间工作表现的优点和有待改进的地方；

（5）员工绩效改进措施；

（6）新的绩效考核周期内企业和主管对员工绩效的期望，讨论新的绩效考核标准，以及员工希望主管提供的帮助。

四、绩效反馈的程序

由于绩效反馈的时间有限，要达到较好的绩效反馈效果，主管要根据员工的性格特征，结合绩效状况对绩效反馈程序做好计划工作。绩效反馈可以参照下面的程序进行。

（一）绩效反馈面谈开场白

反馈的开场白有很多种形式，采用哪种方式要根据具体的谈话内容、对象和情景而定。如果员工对绩效反馈面谈比较紧张，可以以轻松的话题开始，如天气、运动等。如果员工比较理解绩效反馈的目的，而且能够冷静地正确对待绩效考核结果，主管可以直截了当地进入主题。

（二）绩效反馈面谈过程

绩效反馈面谈过程中先谈什么、后谈什么，也有多种形式，主管可以灵活掌握。具体有以下一些方法：

（1）员工自己先谈对绩效考核目的和考核指标标准的认识，主管进行相应的补充和说明。

（2）员工先谈自己的工作表现及其评价，主管再说明自己相同和不同的看法。

（3）先与员工就本次考核的目的和考核标准进行沟通，达成一致后再讨论员工的具体考核分数和考核结果。

（4）直接就考核表格中的各项内容逐一与员工进行沟通。如果认识一致就进入下一项讨论；如果认识有分歧，就通过讨论力争达成一致。对于不能达成一致的地方，事后再沟通或者请主管的直接上级进行仲裁。

（5）先讨论员工工作中的优点和成绩，再讨论不足和有待改进的地方。

（6）主管先谈对员工绩效考核的看法，然后请员工谈意见。

（三）绩效反馈结束

在双方对绩效考核中的各项意见达成一致后，就可以结束面谈。如果对某些意见不能达成一致，双方可以回去思考，下一次沟通时再进一步讨论。

第五节　绩效考核结果的应用

绩效考核结果的应用直接关系到绩效考核的成功与否，也对绩效管理的效果有很大的影响。传统的绩效考核结果主要体现在奖金的分配和工资的晋升上。现代管理中，员工绩效考核结果主要应用于薪资调整、职位等级调整、制定绩效改进计划、制定培训计划、制定员工发展规划、检验对员工选拔和培训的有效性等方面。

一、薪酬的调整

薪酬调整是绩效考核结果最直接的运用之一，主要是在两方面得到运用：一是运用到薪酬的计算中。很多企业为了激励员工改善自己的绩效状况，努力工作，将薪酬与绩效考核结果挂钩。不同岗位的挂钩比例不同：销售人员、生产人员的薪酬中较大比重是由绩效决定的；而行政、后勤人员薪酬中有一小部分由绩效决定。二是运用到员工岗位薪酬等级调整中。例如，对于绩效考核连续两年考核结果累计为“优”“良”或以上者，以及连续3年考核结果为“良”或绩效考核结果为“优”的员工晋升一级工资，但一年内晋升工资次数不能超过一次；当年考核结果为“不合格”或连续两年考核结果为“基本合格”的员工降一级工资，但一年内降工资次数不能超过一次。

二、职位调整

根据绩效考核的结果，对员工的职位进行调整。员工在某方面的绩效突出，就让其在此方面承担更多的责任；如果绩效不理想，就对其岗位做出相应的调整。例如，有些企业规定：对于连续两次绩效结果为“优”的员工，纳入公司人才库，并作为重点人才培养，在内部职位空缺时，优先考虑其职位晋升；对于绩效考核结果为“不合格”的员工，由主管与其重点面谈，年内职务不予晋升；如果连续两次“不合格”，则视为不能胜任本职位工作，由公司进行待岗培训；如果连续三次“不合格”，由公司辞退。

三、绩效改进

绩效管理最直接的目的是提高员工、部门、组织整体的绩效。所以，绩效考核结果最直接的运用是用在绩效改进中，绩效考核的结果是绩效改进计划制订、实施、衡量的依据。主管在绩效反馈时，要与员工及时针对考核中未达到绩效标准的项目分析原因，制定相应的改进措施。绩效改进计划主要包括以下方面的内容：

（1）员工基本情况、主管的基本情况、绩效改进计划的制定时间和实施时间、绩效计划的考核时间。

（2）根据绩效考核结果和绩效反馈结果，确定员工在工作中存在的问题。这些问题包括需要改进的工作方法、需要提高的工作能力和技巧、需要改善的工作态度等。

（3）针对绩效考核中存在的问题，提出针对性的改进意见。这包括工作方法改进措施、工作能力和技巧提高的措施（如需要参加的培训类型、时间等）、工作态度方面的培训等。

（4）确定绩效改进后要达到的目标和检查方法、检查时间。

在多种绩效改进措施中，最常用的方法是主管指导员工制定个人发展计划。个人发展计划（IDP）是指根据员工有待发展提高的方面所制定的一定时期内完成的有关工作绩效和工作能力改进和提高的体系计划。员工在主管的帮助下，根据绩效考核结果和员工的兴趣爱好、教育状况制定个人发展计划，从而改善绩效现状。个人发展计划通常包括的内容如下：

（1）有待发展的项目；

（2）发展这些项目的原因；

（3）有待发展的项目的现有水平和期望达到的水平；

（4）发展这些项目的现有条件及发展的方式、方法；

（5）达到个人发展目标的期限；

（6）实现个人发展计划的检查措施。

四、制定培训计划

培训是提高员工绩效的最直接手段。企业应该根据员工考核结果，在绩效上表现比较差的方面并结合员工的知识结构、专长和专业、员工的个性为员工提供相应的培训。培训后，企业需要对员工的绩效收集信息，比较培训前后绩效的变化情况。如果绩效提高且提高显著，说明培训有效；否则，需要进一步对培训做出调整。此外，公司也应根据员工的个人发展计划提供有关方面的培训，员工培训应该纳入企业的日常工作内容。

五、制定员工职业发展规划

员工绩效考核结果记入员工职业发展档案，主管和员工根据目前的绩效水平和过去绩效提高过程，协商制定员工的长远工作绩效和工作能力改进提高的体系计划，以及在企业中的未来发展规划。员工职业生涯发展规划是促进员工绩效不断提高的内在动力，也是激励员工的重要手段。

六、检验对员工选拔和培训的有效性

绩效考核的结果可以用来衡量招聘选拔和培训的有效性。如果选拔出来的优秀员工实际的绩效考核结果确实优秀，说明员工选拔是有效的；反之，就说明选拔不够有效，或者绩效考核的方法、结果有问题。培训的效果可以通过培训之后一段时期内的绩效表现出来。如果员工绩效提高了或变化很显著，说明培训确实有效果；反之，说明培训没有达到应有的效果。

七、劳动关系管理

绩效考核结果是解决员工与企业发生的因绩效考核而引发的劳动争议的依据。如果因员工绩效目标未完成，对员工的薪酬、岗位做出调整；或者在员工经培训、调岗后，仍然不能达到绩效考核目标，当企业与员工因终止劳动合同关系引起劳动争议时，绩效考核结果就成为解决劳动争议的事实依据。

第五章　薪酬与福利管理

第一节　薪酬概述

从组织的角度看，员工薪酬是推动企业战略目标实现的一个强有力的工具。首先，薪酬对于员工的态度和行为有着重要的影响。它不仅会影响到哪些种类的员工会被企业吸引进来并被企业留住，还能够成为一种使当前员工的个人利益与更为广泛的企业利益一致起来的有力工具。其次，员工薪酬还是一个企业的重要成本项目，因此，需要对其给予特别的关注。从员工的角度看，与薪酬有关的政策对于他们的总收入乃至生活水平有着极大的影响。无论是绝对的薪酬水平还是与他人相比的公平性，对于员工来说都十分重要。薪酬往往还被看作地位和成功的标志。薪酬管理构成了企业人力资源管理的一个重要内容。

一、薪酬的含义

薪酬是组织对其员工为组织所做的工作或贡献，包括他们实现的绩效、付出的努力、时间、学识、技能、经验与创造所付给的相应的回报。其实质是一种公平的交易或交换关系，是员工在向所在单位让渡其劳动或劳务使用权后获得的报偿。

薪酬的表现形式是多种多样的，主要包括工资、奖金、津贴、福利和股权等具体形式。

（一）工资

工资有狭义和广义之分，狭义的工资是指支付给从事体力劳动的员工的货币形式的报酬。这里包括两方面的含义：一是接受报酬的主体是体力劳动者；二是报酬的客观表现形式是货币。如果接受报酬的主体是脑力劳动者，则人们常把报酬称为薪水；如果报酬的客观表现形式是实物而非货币，人们则常称之为福利。广义的工资从内涵上讲，包括货币形式和非货币形式的报酬；从外延上讲，包括支付给体力劳动者和脑力劳动者的报酬。

目前，企业中广泛运用的主要工资形式包括计时工资、计件工资、浮动工资、提成工资，其中计时工资和计件工资是基本的工资形式。

1. 计时工资

（1）计时工资的含义。计时工资是根据员工的计时工资标准和工作时间来计算工资并支付给员工劳动报酬的形式，职工的工资收入是用职工的工作时间乘以工资标准得出来的，计算公式为：计时工资 = 工资标准 × 实际工作时间。

按照计算的时间单位不同，我国常见的计时工资有 3 种形式。一是月工资，即按月计发的工资。不论大月、小月，一律按工资标准计发工资。实行月工资标准的职工遇有加班或请假需要加发或减发工资时，一般是按日工资标准处理，即以本人月工资标准除以平均每月法定工作天数（为 20.92 天）求得。二是日工资，即根据工人的日工资标准和实际工作日数来计发的工资。三是小时工资，即根据工人的小时工资标准和实际工作小时数来计付的工资（小时工资标准 = 日工资标准 /8）。小时工资制适用于非全日制工作或需要按小时计付工资的工作。

（2）计时工资的特点。计时工资有以下几方面的特点：第一，计算工资的基础是按照一定质量（达到某种劳动等级标准）劳动的直接的持续时间支付工资，工资数额的多少取决于职工的工资等级标准的高低和劳动时间的长短。因此，这一特点决定了计时工资在实行中表现出两点鼓励作用：一是能够鼓励和促进劳动者从物质上关心自己业务技术水平的提高；二是能够鼓励和促使职工提高出勤率。第二，由于时间是劳动的天然尺度，各种劳动都可以直接用时间来计算，并且计算简便，所以计时工资简单易行、适应性强、适用范围广。第三，计时工资并不鼓励职工把注意力仅仅集中在提高产品的数量上，而是比较注意产品的质量。第四，计时工资容易被广大职工所接受，职工的收入较为稳定。而且，职工不至于为追求产量而过于工作紧张，有益于身心健康。

正因为计时工资有以上优点，因此，目前计时工资是我国企业中普遍采用的一种工资形式，如实习员工的实习工资、管理人员的职务工资、生产操作人员的岗位技能工资、专业技术人员的专业技术职务工资等都是计时工资。

但是计时工资也有明显的局限性：第一，计时工资侧重以劳动的外延量计算工资，对于劳动的内含量即劳动强度则不能准确反映；第二，就劳动者本人来说，计时工资难以准确反映其实际提供的劳动数量与质量，工资与劳动量之间往往存在着不相当的矛盾；第三，就同一等级的各个劳动者来说，付出的劳动量有多有少，劳动质量也有高低之别，而计时工资不能反映这种差别，容易出现干多干少、干好干坏一个样的现象。因此，实行计时工资对激励劳动者的积极性不利。另外，计算单位产品的直接人工成本也不如计件工资容易。

（3）计时工资的类型。计时工资按单位时间内应得工资额的确定方法不同，主要分为日薪和月薪两种类型。日薪是指按日计算的应付工资，月薪是指按月计算的应付工资，它们都是根据职工的劳动时间作为劳动报酬的计算标准。

2. 计件工资

（1）计件工资的含义。计件工资是根据劳动者生产的合格产品的数量或完成的作业量，按预先规定的计件单价支付给劳动者劳动报酬的一种工资形式。它包括3种形式：一是实行超额累进计件、直接无限计件、限额计件、超定额计件等，按劳动部门或主管部门批准的定额和计件单价支付给个人的工资；二是按工作任务包干的方法支付给个人的工资；三是按营业额提成或利润提成办法支付给个人的工资。

计件工资的计算公式为：

工资数额 = 计件单价 × 合格产品数量

与计时工资相比，计件工资的特点在于它与计时工资计量劳动的方式不同。在实行计时工资的情况下，劳动由直接的持续时间来计量；在实行计件工资的情况下，则由在一定时间内劳动所凝结成的产品的数量来计量。因此，从这个意义上说，计时工资是计件工资的一种转化形式。

（2）计件工资的特点。计件工资的特点表现在以下几方面：第一，能够从劳动成果上准确反映出劳动者实际付出的劳动量，并按体现劳动量的劳动成果计酬，不但激励性强，而且使人们感到公平。第二，同计时工资相比，它不仅能反映不同等级的工人之间的劳动差别，而且能够反映同等级工人之间的劳动差别。即使同等级的工人，由于所生产合格产品的数量、质量不同，所得到的工资收入也有所不同，从而促使劳动者关心自己的劳动成果，激发劳动积极性，促进劳动生产率的提高。第三，由于产量与工资直接相连，所以能够促进工人经常改进工作方法，提高技术水平和劳动熟练程度，提高工时利用率，增加产品数量。第四，易于计算单位产品直接人工成本，并可减少管理人员及其工资支出。第五，促进企业改善管理制度，提高管理水平。

但是计件工资也有其不可克服的局限性：①实行计件工资容易出现片面追求产品数量，而忽视产品质量、消耗定额、安全和不注意爱护机器设备的倾向，如只求质量保持合格品的下限，在消耗定额内还有节约的潜力不去挖掘，超出其负荷进行掠夺性的生产，等等。②因管理或技术改造而使生产效率增加时，提高定额会遇到困难。如不提高定额，会增加产品成本；如提高定额，会引起不满。③因追求收入使工人工作过度紧张，有碍健康。④在企业以利润最大化为目标时，容易导致对计件制的滥用，使“计时工资成了延长劳动时间和降低工资的手段”。⑤计件工资本身不能反映物价的变化。在物价上涨时期，如没有其他措施对物价进行补偿，尽管劳动生产率没有提高，也必须调整计件单价。

（二）奖金

1. 奖金的含义

奖金是单位对员工超额劳动部分或劳动绩效突出部分所支付的奖励性报酬，是单位为鼓励员工提高劳动效率和工作质量而付给员工的货币奖励。按照国家统计局 1990 年颁布的《关于工资总额组成的规定》，奖金是指支付给员工的超额劳动报酬和增收节支的劳动报酬。不管是哪个定义，都表明奖金是对员工超额劳动部分的一种补偿，是贯彻按劳分配原则的一种劳动报酬形式，是基本工资制度的一种辅助形式。奖金的支付客体是正常劳动以外的超额劳动，随劳动绩效而变动，支付给那些符合奖励条件的单位员工。奖金的表现形式包括红利、利润分享及通常所说的奖金等。

2. 奖金的特点

奖金具有多种多样的特点，能够较为灵活地反映员工的实际劳动差别，可以弥补计时、计件工资的不足，特别是对员工在生产过程中提高质量，节约材料、经费，革新技术等方面所做的贡献，用奖金作为补充显得尤为重要。奖金的特点具体表现在以下几方面：

（1）单一性。工资是反映员工在企业中的综合性表现，包括年资、技能、业绩等。奖金在报酬上则只反映员工某方面的实际劳动效果的差别，比如员工在收旧利废中，为企业节约资金5万元，企业立即给予1000元的奖金。

（2）灵活性。奖金的形式灵活多样，奖励的对象、数额、获奖人数均可随生产的变化而变化。工资一般以规范的形式制定出来，每一个提供了正常劳动的员工都可以按公司章程的规定获取报酬。奖金则不一样，它只授予提供了超额劳动和有突出业绩的员工。

（3）及时性。奖金的使用不受工资发放的限制，能及时反映劳动者向社会提供劳动量的变化情况。奖金一般在员工提供了超额劳动或者取得突出业绩以后立即予以兑现，它体现的是即时激励的作用。

（4）荣誉性。奖金不仅是对员工的物质奖励，还有精神鼓励的作用。员工获得奖金是企业对员工超额劳动的承认或认可，这本身就是一种奖赏。另外，获得奖金的员工会得到周围员工的称颂，使其获得一种精神上的满足。

3. 奖金的类型

奖金的形式多种多样，根据不同的标准，奖金可分为不同的类别，其中有的相互交叉。

（1）根据奖金的周期划分，可划分为月度奖、季度奖和年度奖。

（2）根据在一定时期内（一般指一个经济核算年度）发奖次数划分，可分为经常性奖金和一次性奖金。

（3）根据奖金的来源划分，可分为由工资基金中支付的奖金和非工资基金中支付的奖金。

（4）根据奖励范围划分，可分为个人奖和集体奖。

（5）从奖励的条件区分，可分为综合奖和单项奖。

（三）津贴

1. 津贴的含义

津贴是指为了补偿职工特殊或额外的劳动消耗和因其他特殊原因支付给职工劳动报酬的一种工资形式，包括补偿职工特殊或额外劳动消耗的津贴、保健性津贴、技术性津贴、年功性津贴及其他津贴。

习惯上，人们一般把属于生产性质的称为津贴，属于生活性质的称为补贴。津贴、补贴的种类、发放范围和标准等，一般由国家统一规定。对国家没有统一规定的，用人单位也可以根据生产工作需要，在政策允许的范围内，自行设立一些津贴、补贴项目。

津贴在统计上又分为工资性津贴和非工资性津贴。工资性津贴是指列入工资总额的津贴项目。非工资性津贴是指不计入工资总额支付的津贴项目。工资性津贴的划分不是看开支来源如何，而是看它是不是属于工资总额的统计范围。

2. 津贴的特点

津贴是职工工资的一种补充形式，具有以下几个特点：

（1）津贴是一种补偿性的劳动报酬。多数津贴所体现的不是劳动本身，即劳动数量和质量的差别，而是劳动所处的环境和条件的差别，从而调节地区、行业、工种之间在这方面的工资关系。

（2）具有单一性，多数津贴是根据某一特定条件，为某一特定目的而制定的，往往一事一贴。

（3）有较大的灵活性，可以随工作环境、劳动条件的变化而变化，可增可减、可减可免等。

3. 津贴的类型

我国的津贴制度项目繁多，按其补偿性质和目的不同，主要可分为以下几种类型：

（1）具有补偿职工在特殊劳动条件下的劳动消耗性质的津贴；

（2）兼具补偿职工的特殊劳动消耗和额外生活支出双重性质的津贴；

（3）具有维护职工在有毒有害作业中身体健康的保健性津贴；

（4）属于补偿职工在本职工作以外承担较多任务所付出的劳动消耗的津贴；

（5）具有补偿职工因物价的差异或变动而增加生活费支出性质的津贴；

（6）属于鼓励职工提高科学技术水平和奖励优秀工作者的津贴；

（7）具有生活福利性质的津贴。

（四）福利

在企业薪酬体系中，工资、奖金和福利是三个不可或缺的组成部分，分别发挥着不同的作用。工资具有基本的保障功能，奖金具有明显而直接的激励作用，福利的作用则是间接而深远的。

1. 福利的含义

一般来说，福利有三个层次：第一是由政府主管、以全体国民为对象的社会福利；第二是由企业主管、以企业全体员工为对象的企业福利；第三是由工会等劳动组织主管、以会员为对象的部分劳动者福利。因而，广义的员工福利包括国家、地方政府和企业、劳动组织提供的文化、教育、卫生、各种社会保障、集体公益服务事业和福利待遇等；狭义的员工福利仅指企业为满足员工的生活需要，在工资收入之外，向员工本人及其家属提供的货币、实物及一些服务形式。

2. 福利的功能

从管理者的角度看，福利具有如下一些功能：改善和优化劳动及生活条件，从而协助吸引员工、留住员工；能提高企业在员工和其他企业心目中的形象；能协调人际关系和劳资关系，使员工之间及员工与管理层之间的关系融洽，使员工在企业工作具有安全感和归属感；能提高员工对职务的满意度。

与员工的工资收入不同，福利一般不需要纳税。由于这一原因，相对于等量的现金支付，福利在某种意义上对员工具有更大的价值。因此，福利管理同工资管理等人力资源管理项目有着密切的关系，并补充其不足，起到提高人力资源管理综合效果的作用。

3. 福利的主要内容

企业员工福利可以分为集体福利和个人福利两种基本形式。

集体福利是企业举办或通过社会服务机构举办的、供员工集体享用的福利性设施和服务，包括以下方面：①住宅；②集体生活设施和服务，如托儿所、幼儿园、浴室、食堂、卫生及医疗保健设施、文娱体育设施、集体交通工具等；③休假、旅游待遇。

个人福利是以货币形式直接支付给员工个人的福利补贴，目的是减轻员工因特殊需要而增加的额外经济负担，如员工探亲假期、工资补贴和旅费补贴、上下班交通补贴、防寒补贴、防暑降温补贴、生活困难补贴、婚丧假等。

集体福利和个人福利的内容丰富，各企业规定不尽相同。一般来说，大型的效益比较好的企业比较重视员工的福利待遇，费用支出比较高；小型的或效益比较差的企业，员工福利待遇相对较差。

二、薪酬的功能

通常认为，薪酬具有经济保障、社会信号和调节、心理激励三大功能。

（一）经济保障功能

劳动是员工脑力和体力的支出，员工作为企业劳动力要素的提供者，企业只有给予足够的补偿，才能使其不断投入新的劳动力。从经济学的角度来说，薪酬实际上就是劳动力的价格，其作用就在于通过市场将劳动力配置到各种不同的用途上。在市场经济条件下，薪酬收入是绝大部分劳动者的主要收入来源，它对于劳动者及其家庭的保障作用是其他任何保障手段都无法替代的。薪酬对于员工的保障不仅体现在它要满足员工的吃、穿、住、用等方面的基本生存需要，同时体现在它要满足员工的娱乐、教育、培训等方面的发展需要。总之，员工薪酬水平的高低对于员工及其家庭的生存状态和生活方式所产生的影响是非常大的。

（二）社会信号功能和调节功能

调节功能主要是从宏观角度解释薪酬在调节社会人力资源方面发挥的作用。这是因为，在现代社会中，由于人员在企业之间甚至在地区之间频繁流动，因此，在相对稳定的传统社会中用来确定一个人的社会地位的那些信号，如年龄、家族势力等，逐渐变得衰弱，而薪酬作为流动社会中的一种市场信号则很好地说明了一个人在社会上所处的位置。换言之，员工所获得的薪酬水平高低除了其所具有的经济功能以外，实际上还在向其他人传递着一种信号，人们可以根据这种信号来判定员工的家庭、朋友、职业、受教育程度、生活状况甚至宗教信仰及价值取向等。不仅如此，在一个企业内部，员工的相对薪酬水平高低往往也代表了员工在企业内部的地位和层次，从而成为对员工的个人价值和成功进行识别的一种信号。因此，员工对这种信号的关注实际上反映了员工对自身在社会及企业内部的价值的关注。从这方面来说，薪酬的社会信号功能也是不可忽视的。实际上，习惯和传统的力量之所以能在薪酬决策中占据一席之地，其主要原因也是在于地位问题。

（三）心理激励功能

从人力资源管理的角度看，薪酬应主要体现和发挥其激励功能。所谓激励功能，是指企业用来激励员工按照其旨意行事并能加以控制的功能。在市场经济条件下，对员工的激励除了精神激励（员工自我价值的实现）外，主要是物质利益的激励。在现实生活中，员工一方面重视追求自身的价值、主人翁感和认同感；另一方面，更重视追求实在的利益，而劳动则是员工获取收入以提高自己生活水平的基本手段。在这种情况下，企业通过各种具体工资（包括奖金）形式，把收入与员工对企业提供的劳动贡献联系起来，劳动收入（包括工资收入）就能发挥激励功能。正如美国著名经济学家埃冈纽伯格所指出的："不管采用什么样的激励结构，这种结构要有效，就必须同所要影响的当事人的目标函数相一致。"

（四）股权

1. 股权的含义

以企业的股权作为对员工的薪酬，即让员工持有企业的股票，使之成为企业股东，将员工的个人利益与企业利益联系在一起，以激发员工通过提升企业长期价值来增加自己的财富。

2. 股权薪酬的作用

作为一种长期激励的手段，在企业中采用股权这种薪酬形式，能够让员工为企业实现长期利润最大化而努力。股权的作用主要表现为以下几方面：

（1）有利于减少代理成本。股权薪酬使员工成为企业股东，使所有权和经营权在一定程度上得到融合，从而在一定程度上缓解了代理问题，有利于减少委托人的监督支出和剩余损失，从而减少代理成本。

（2）有利于减少企业中的短期化行为，提高长期效益。股权薪酬使员工获得企业业绩不断增长的长期收益，促使员工兼顾企业短期和长期目标。由于股权收益可能远大于年薪，也促使员工更注重长期目标，从而有效减少员工的短期化行为和虚增短期利润的行为。

（3）有利于吸引和留住人才。一方面，在企业效益不断增长的情况下，股权薪酬能给员工带来丰厚收益，从而成为一种吸引人才的激励方式；另一方面，由于股权薪酬往往同时伴有股票持有期的约束条件，如果提前离去，员工可能会失去全部股权收益，因而大大增加了员工的退出成本，留住了优秀的人才。

三、薪酬的分类

薪酬是相当复杂的社会经济现象，理论界对薪酬的分类也是众说纷纭。依照薪酬是否取得直接的货币形式，可将薪酬分为货币性和非货币性两类；以薪酬量界定为基本依据，可将薪酬分为计时、计件和业绩薪酬；依据薪酬的发生机制，可将薪酬分为外在薪酬和内在薪酬。对于前两类薪酬，在前面已有所涉及，在此不再赘述。下面着重阐述内在薪酬和外在薪酬的有关内容。

（一）外在薪酬

外在薪酬是指单位针对员工所做的贡献支付给员工的各种形式的收入，包括工资/薪水、奖金、福利、津贴、股票期权及各种间接货币形式支付的福利等。

对外在薪酬做进一步划分，可将外在薪酬划分为货币性薪酬、福利性薪酬和非财务性薪酬。对绝大多数薪酬接受者来说，货币性薪酬实际上只是一种间接性薪酬。员工最终的需求，可能是为了得到商品和劳务、社会的认同或尊重、进入上流社会、获得友情和爱情等。因此，要较为充分地发挥薪酬的激励杠杆作用，就不仅要了解薪酬接受者对货币的需求，还有必要了解薪酬接受者追求的最终需求。福利性薪酬有货币性的，也有非货币性的，但以非货币性为主。福利通常不考虑薪酬接受者的绩效，组织内员工人人有份，但福利仍然是一种相当重要的激励因子。其激励的基本取向是强化组织的凝聚力，强化员工的团队建设。非财务性薪酬包括以下方面：①终生雇用的承诺；②安全舒适的办公条件；③较有兴趣的工作；④主管的鼓励和对成绩的肯定；⑤引人注目的头衔；⑥良好的工作氛围；⑦良好的人际关系；⑧业务用的名片；⑨私人秘书；等等。外在薪酬相对于内在薪酬来说，比较容易定性及进行定量分析，在不同个人、公众和组织之间进行比较也较好操作。对于那些从事重复性劳动的员工来说，如果对内在薪酬产生不满，可以通过增加工资来解决。

（二）内在薪酬

内在薪酬是指由于自己努力工作而得到晋升、表扬或受到重视等，从而产生的工作的荣誉感、成就感、责任感。

内在薪酬包括以下方面：①参与决策的权利；②能够发挥潜力的工作

机会；③自主且自由地安排自己的工作时间；④较多的职权；⑤较有兴趣的工作；⑥个人发展的机会；⑦多元化的活动等。内在薪酬的特点是难以进行清晰的定义，不易进行定量分析和比较，没有固定的标准，操作难度比较大，需要较高水平的管理艺术。管理人员或专业技术人员对于内在薪酬的不满难以通过提薪获得圆满解决。

四、我国企业的工资制度

企业工资制度是关于企业定额劳动、标准报酬的制度，它是企业内部多种分配的基础，是确定和调整企业内部各类人员工资关系的主要依据，也是企业制定内部工资计划的重要参考。在我国现代企业中，常见的主要有以下几种工资制度。

（一）结构工资制

结构工资制是指基于工资的不同功能，划分为若干个相对独立的工资单元，各单元又规定不同的结构系数，组成有质的区分和量的比例关系的工资结构。结构工资制的构成一般包括六个部分：一是基础工资；二是岗位工资；三是技能工资；四是效益工资；五是浮动工资；六是年功工资。

结构工资制有四大优点：一是工资结构反映劳动差别的诸多要素，即与劳动结构相对应，并紧密联系成因果关系。劳动结构有几个部分，工资结构就有几个相对应的部分，并随前者的变动而变动。二是结构工资制的各个组成部分各有各的职能，并分别计酬，可从劳动的不同侧面和角度反映劳动者的贡献大小，发挥工资的各种职能作用，具有比较灵活的调节功能。三是有利于实行工资的分级管理，从而克服“一刀切”的弊病，为改革工资分配制度开辟了道路。四是能够适应各行各业的特点。

但是，结构工资制也有缺点：一是合理确定和保持各工资单元比重的难度较大；二是由于工资单元多且各自独立运行，工资管理工作较复杂。

（二）岗位技能工资制

岗位技能工资制是以按劳分配为原则，以劳动技能、劳动责任、劳动强度和劳动条件等基本劳动要素评价为基础，以岗位和技能工资为主要内容的企业基本工资制度。从本质上说，岗位技能工资制也是结构工资制中更为规范化的一种具体形式。与其他结构工资制形式相比，岗位技能工资制是建立在岗位评价的基础上，充分突出了工资中岗位与技能这两个结构单元的特点。它更有利于贯彻按劳分配的原则，更能够调动员工努力提高技术业务水平的积极性。

岗位技能工资制的适用范围：岗位技能工资具有极强的适用性，各种企业，无论大小，均可采用岗位技能工资制，特别是生产性企业和技术含量较高的企业，采用岗位技能工资制更能显示其优越性。

（三）岗位薪点工资制

岗位薪点工资制是在岗位劳动评价四要素（岗位责任、岗位技能、工作强度、工作条件）的基础上，用点数和点值来确定员工实际劳动报酬的一种工资制度。员工的点数通过一系列量化考核指标来确定，点值与企业效益、部门效益实绩挂钩。其主要特点是工资标准不是以金额表示，而是以薪点数表示；点值取决于经济效益。

薪点工资制的适用范围：薪点工资制是我国企业在工资制度改革实践中创造的一种工资模式，其内涵和基本操作过程类似于岗位工资，但在实际操作过程中更为灵活。因此，这种新工资制度刚一出现就备受企业青睐。

（四）技术等级工资制

技术等级工资制是工人工资等级制度的一种形式，其主要作用是区分技术工种之间和工种内部的劳动差别和工资差别。

技术等级工资制是按照工人所达到的技术等级标准确定工资等级，并按照确定的等级工资标准计付劳动报酬的一种制度。这种工资制度适用于技术复杂程度比较高、工人劳动差别较大、分工较粗及工作物不固定的工种。

技术等级工资是一种能力工资制度，其优点是能够引导企业工人钻研技术，提高个人的技术水平；缺点是不能把员工的工资与其劳动绩效直接联系在一起。

（五）岗位等级工资制

岗位等级工资制简称岗位工资制，它是按照工人在生产中的工作岗位确定工资等级和工资标准的一种工资制度。它是劳动组织与工资组织密切结合的一种工资制度。岗位等级工资制与职务等级工资制的性质基本相同，区别在于我国主要将前者应用于企业工人，将后者应用于行政管理人员和专业技术人员。

岗位等级工资制是等级工资制的一种形式，它是根据工作职务或岗位对任职人员在知识、技能和体力等方面的要求及劳动环境因素来确定员工的工作报酬。员工工资与岗位和职务要求挂钩，不考虑超出岗位要求之外的个人能力。其特点表现在以下几方面：

（1）按照员工的工作岗位等级规定工资等级和工资标准岗位工资，只是按照各工作岗位的技术复杂程度、劳动强度、劳动条件、责任大小等规定工资标准，不是按照员工的技术能力规定工资标准。员工在哪个岗位工作，就执行哪个岗位的工资标准。在这种情况下，同一岗位上的员工，尽管能力与资历可能有所差别，但只要执行的都是同一工资标准，就是所谓的以岗定薪。

（2）员工要提高工资等级，只能到高一级岗位工作。岗位工资制不存在升级问题，员工只有变动工作岗位，即只有到高一等级的岗位上，才能提高工资等级。但这并不等于说，一个员工不变动岗位，就不能提高工资标准。在企业经济效益提高，或社会整体经济水平增长，以及物价上涨过快而工资等级数目不变的情况下，对于不能上升到高一级岗位上工作的员工，就必须通过提高岗位工资标准的手段来提高工资。

（3）员工要上岗工作必须达到岗位既定的要求。虽然岗位工资制不制定技术标准，但各工作岗位规定有明确的职责范围、技术要求和操作规程，员工只有达到岗位的要求时才能上岗工作。如果在未达到岗位的要求时就上岗工作，只能视为熟练期间领取熟练期的工资。

（六）职能等级工资制

职能等级工资制是根据职工所具备的与完成某一特定职位等级工作所要求的工作能力等级确定工资等级的一种工资制度。其特点表现在以下几方面：

（1）决定个人工资等级的最主要因素是个人相关技能和工作能力，即使不从事某一职位等级的工作，但经考核评定其具备担任某一职位等级工作的能力，仍可执行与其能力等级相应的工资等级，即职位与工资并不直接挂钩。

（2）职能等级及与其相应的工资等级数目较少。其原因是对上下相邻不同的职位等级来说，各职位等级所要求的知识和技能的差别不是很明显。所以，可以把相邻职位等级按照职位对工作能力的要求列为同一职能等级。

这样制定出来的职能等级一般只有职位等级的一半甚至更少。

（3）要有严格的考核制度配套。一方面，由于决定工资等级的是个人能力等级，所以要确定一个员工的工资等级，首先要确定其职能等级。这就需要制定一套客观、科学而完整的职位等级标准和职能等级标准，并按照标准对个人进行客观、准确的考核与评定。否则，职能等级就很容易只按照资历确定。另一方面，由于员工的能力是不断提升的，但速度是不一致的，所以需建立长期的考核制度，定期对员工的职能等级进行考核。

（4）人员调整灵活，有很强的适应性。这是由第一个特点决定的。由于职能工资等级不随员工职位等级的变动而变动，因而有利于人员变换工作和调整，能够适应企业内部组织机构随市场变化做相应调整的要求。

（七）提成工资制

提成工资制是企业实际销售收入减去成本开支和应缴纳的各种税费以后，剩余部分在企业和职工之间按不同比例分成的一种工资制度。它有创值提成、除本分成、“保本开支，见利分成”等形式，在饮食服务业多有采用。

实行此制度的三要素：①确定适当的提成指标。②确定恰当的提成方式，主要有全额提成和超额提成两种形式。全额提成即职工全部工资都随营业额浮动，而不再有基本工资；超额提成即保留基本工资并相应规定需完成的营业额，超额完成的部分再按一定的比例提取工资。从实行提成工资的层次上划分，有个人提成和集体提成。③确定合理的提成比例。有固定提成比例和分档累进或累退的提成率两种比例方式。

（八）年薪工资制

年薪工资制又称年工资收入制度，是指以企业会计年度为时间单位，根据经营者的业绩好坏而计发工资的一种薪酬制度，主要用于公司经理、企业高级职员的收入发放，称为经营者年薪制。实行年薪制后，经营者的收入主要由基薪和风险收入两部分构成，其实际收入主要根据其经营成果以年度为单位考核浮动发放。

年薪制有如下几个重要特点：

（1）以企业的一个生产经营周期为单位，一般为 1 年；

（2）年薪制是一种高风险的薪酬制度，依靠的是约束和激励相互制衡的机制；

（3）年薪制将企业经营管理者的业绩与其薪酬直接联系起来。

1994 年，我国劳动部与国家经贸委、财政部制定了《国有企业经营者年薪制试行办法》，其中对年薪制的确定原则、支付范围和方法等做了说明。

（1）关于基薪的确定。年薪制的原则是“主要根据企业经济效益水平（同行业比较）和生产经营规模，并考虑地区和本企业职工平均收入水平确定”。其中，地区和本企业职工平均收入是主要的确定因素，其他是调节因素。为了保证这一原则的贯彻，并合理地限定基薪最高不超过本地区、本企业职工综合平均工资的 3 倍（由于大型企业职工平均工资较高，实际上其经营者基薪一般相当于本企业职工平均工资的 2 倍）。在各项评价指标中，经济效益水平反映企业的生产经营成果，生产经营规模反映企业的经营难度。

（2）关于风险收入的确定。风险收入主要依据企业完成生产经营指标的情况确定，因此，必须以科学、严格的考核为基础，建立完善的考核指标体系。考虑到各地区、行业的具体情况不同，考核指标主要由地区确定，同时《国有企业经营者年薪制试行办法》中也规定了一些重要的普遍适用的指标，共同构成考核指标体系。风险收入共分为 4 档，最低为零，最高为基薪的1倍。企业经营者的风险收入以基薪为基础，根据本企业完成的经济效益情况、生产经营的责任轻重、风险程度等因素确定。企业经济效益考核主要通过资本金利润率（资本金＝资产－负债）、销售利润率、国有资产增值率和劳动生产率、工资利润率等项指标进行。同时要把企业是否严格按照国家有关规定合理调整职工工资作为确定经营者风险收入的依据之一。

①完成年度任务指标（包括经济效益指标），经营者年薪收入可按核定的基薪确定。全面完成企业年度各项任务指标，考核的经济效益指标达到省（部门）内同行业先进水平或超过本企业历史最高水平的，经营者的年风险收入一般可按核定的基薪的30%予以确定。

②全面完成企业年度各项任务指标，考核的经济效益指标居国内同行业领先地位的，经营者的年风险收入可按核定的基薪的50%予以确定。

③全面完成年度各项任务指标，考核的经济效益指标居国内同行业领先地位，并达到国际先进水平的，经营者年风险收入可按核定的基薪的100%予以确定。

④对亏损企业（特别是政策性亏损企业）的经营者，可视其扭亏、减亏幅度，在核定的基薪基础上适当增加其风险收入。

（3）年薪制范围。年薪制主要适用于公司经理、企业高级职员的收入发放。

（4）年薪制的支付。年薪收入的支付采取按基薪分月预付，根据当年考核情况，年终统一结算的办法。对超过应得年薪而预支的部分应当退回。经营者所得年薪收入按月平均超过个人收入所得税起征标准的部分，应照章纳税。

（5）年薪收入的管理。对经营者年薪收入实行分级管理体制，由企业主管部门根据有关规定负责组织对经营者的实绩进行考核，并提出对经营者年薪收入水平的明确建议，报同级劳动部门审核同意后，按照经营者任免管理权限审批。其中，国务院所属的总公司、计划单列企业集团经营者的年薪收入在劳动部、财政部或有关中介机构对各项经济指标完成情况进行审核的基础上，由劳动部提出建议并审核，再按照经营者任免管理权限审批。国家控股的股份制企业的经营者年薪收入由董事会确定。

虽然年薪制在我国推行较晚，但目前已有相当多的企业开始实行。在我国推行年薪制，不仅是分配机制的改革，更是责任机制的改革。实行年薪制能更加有效地激励经营者，也能通过较长时间周期获得对经营业绩客观公正的评价。

（九）谈判工资制

谈判工资制是一种灵活反映企业经营状况和劳务市场供求状况并对员工的工资收入实行保密的一种工资制度。

职工的工资额由企业根据操作的技术复杂程度与员工当面谈判协商确定，其工资额的高低取决于劳务市场的供求状况和企业经营状况。当某一工种人员紧缺或企业经营状况较好时，工资额就上升，反之就下降。企业对生产需要的专业技术水平高的员工愿意支付较高的报酬。如果企业不需要该等级的专业技术员工，就可能降级使用或支付较低的报酬。只有当企业和职工双方就工资额达成一致，工资关系才能建立。企业和员工都必须对工资收入严格保密，不得向他人泄露。

谈判工资制的优点是有利于减少员工之间在工资上的攀比现象，减少矛盾。工资是由企业和员工共同谈判确定的，双方都可以接受，一般都比较满意，有利于调动职工的积极性。

谈判工资制的弊端在于这种工资制度与劳资双方的谈判能力、人际关系等有关，弹性较大，容易出现同工不同酬的现象。在国有企业实行这种制度，由于制度、仲裁机构和监督机构不健全，容易使以权谋私者从中舞弊，产生亲者工资高、疏者工资低等不合理现象。

第二节　薪酬设计的策略

企业进行薪酬设计时，首先必须在发展战略的指导下制定适合企业的薪酬策略，企业薪酬策略的制定包含水平策略和结构策略两方面。

一、薪酬水平策略

薪酬的水平策略主要是企业相对于当地市场薪酬行情和竞争对手薪酬水平并结合企业自身特点制定的薪酬水平策略。供企业选择的薪酬水平策略主要有以下几种。

（一）市场领先策略

采用这种薪酬策略的企业，薪酬水平在同行业的竞争对手中是处于领先地位的。领先薪酬策略一般基于以下几点考虑：市场处于扩张期，有很多的市场机会和成长空间，对高素质人才需求迫切；企业自身处于高速成长期，薪酬的支付能力比较强；在同行业的市场中处于领导地位；等等。

（二）市场跟随策略

采用这种策略的企业，一般都建立或找准了自己的标杆企业，企业的经营与管理模式都向自己的标杆企业看齐，同样，薪酬水平跟标杆企业差不多就行了，并非要求自己薪酬水平必须处于行业领先水平。

（三）成本导向策略

成本导向策略也叫落后薪酬水平策略，即企业在制定薪酬水平策略时不考虑市场和竞争对手的薪酬水平，只考虑尽可能地节约企业生产、经营和管理的成本，这种企业的薪酬水平一般比较低。采用这种薪酬水平的企业一般实行的是成本领先战略。

（四）混合薪酬策略

顾名思义，混合薪酬策略就是在企业中针对不同的部门、不同的岗位、不同的人才，采用不同的薪酬策略。比如，对于企业核心与关键性人才和岗位的策略采用市场领先薪酬策略，而对一般的人才、普通的岗位采用非领先的薪酬水平策略。

二、薪酬结构策略

薪酬结构主要是指企业总体薪酬所包含的固定部分薪酬（主要指基本工资）和浮动部分薪酬（主要指奖金和绩效薪酬）所占的比例。供企业选择的薪酬结构策略如下。

（一）高弹性薪酬模式

这是一种激励性很强的薪酬模式，该模式的特点是员工薪酬在不同时期个人收入起伏较大，绩效工资与奖金占的比重较大。换句话说，绩效薪酬是薪酬结构的主要组成部分，基本薪酬等处于次要的地位，所占的比例非常低（甚至为零），即薪酬中固定部分比例比较低，而浮动部分比例比较高。在这种薪酬模式下，员工能获得多少薪酬完全依赖于工作绩效的好坏。

当员工的绩效非常优秀时，薪酬非常高；当绩效非常差时，薪酬则非常低甚至为零。

（二）高稳定薪酬模式

这是一种稳定性很强的薪酬模式，该模式的特点是员工薪酬与实际绩效关系不太大，而主要取决于工作年限及企业整体经营状况，员工薪酬相对稳定，给人以安全感。采用这类薪酬结构的企业，员工薪酬中基本工资所占比重相当大，而奖金发放则根据公司整体经营情况，按照个人基本工资的一定比例发放。换句话说，基本薪酬是薪酬结构的主要组成部分，绩效薪酬等处于非常次要的地位，所占的比例非常低（甚至为零）。即薪酬中固定部分比例比较高，而浮动部分比较少。这种薪酬模式使员工的收入非常稳定，几乎不用努力就能获得全额的薪酬。

（三）调和型薪酬模式

这是一种既有激励性又有稳定性的薪酬模式，该模式的特点是绩效薪酬和基本薪酬各占一定的比例，有高弹性部分以激励员工提高绩效，又有高稳定部分以促使员工注意长远目标，当两者比例不断调和和变化时，这种薪酬模式可以演变为以激励为主的薪酬模式，也可以演变为以稳定为主的薪酬模式。该模式对应的薪酬结构有以能力为导向的薪酬结构、以岗位为导向的薪酬结构及组合结构。

（四）混合型的薪酬结构策略

企业在进行薪酬设计时，还可以选择一种混合型的薪酬结构策略。这种策略的特点是针对不同的岗位、不同人才的特点选择不同的薪酬结构策略，比如，严格要求自己、积极要求上进，而且喜欢接受挑战的员工可以采用高弹性的薪酬模式，对于老老实实做事、追求工作和生活稳定的员工则可以采用高稳定型的薪酬模式。

第三节　岗位评价

一、岗位评价的概念及特点

（一）岗位评价的概念

岗位评价也称职务评价或者工作评价，是指采用一定的方法对企业中各种岗位的价值做出评定，并作为工资分配的依据。岗位评价是在岗位分析的基础上，对企业所设岗位的难易程度、责任大小、工作强度、所需资格条件等相对价值的多少进行评价。岗位评价的实质是将工作岗位的劳动价值、劳动者的贡献与工资报酬三者有机结合起来，通过对岗位劳动价值的量化比较，确定企业工资等级结构的过程。

岗位评价是评定工作的价值，制定工作的等级，以确定工资收入的计算标准。因此，岗位评价是工作分析的逻辑结果。工作分析主要包括“工作描述”和“工作规范”两方面内容，而“岗位评价”是在工作分析的基础上进行的，其根本目的是提供工资结构调整的标准程序。

（二）了解岗位评价的目的和特点

进行岗位评价，有利于确认组织的工作结构，使工作间的联系公平、有序，并且通过开发一个工作价值的等级制度，建立工资支付结构。岗位评价具有如下特点。

1. 岗位评价以企业劳动者的生产岗位为评价对象

岗位评价的中心是“事”，不是“人”。岗位评价虽然也会涉及员工，但它是以岗位为对象，即以岗位所担负的工作任务为对象进行的客观评比和估计。作为岗位评价的对象——岗位，较具体的劳动者具有一定的稳定性。同时，它能与企业的专业分工、劳动组织和劳动定员定额相统一，能促进企业合理地制定劳动承担者的劳动量。虽然岗位评价是以“事”为中心，但它在研究中又离不开对劳动者的总体考察和分析。

2. 岗位评价是对企业各类具体劳动的抽象化、定量化过程

在岗位评价过程中，根据事先规定的比较系统的全面反映岗位现象本质的评价因素体系，对岗位的主要影响因素逐一进行测定、评比和估价，由此得出各个岗位的量值。这样，各个岗位之间也就有了对比的基础，最后按评定结果，对岗位划分出不同的等级。

3. 岗位评价需要运用多种技术和方法

岗位评价主要运用劳动组织、劳动心理、劳动卫生、环境监测、数理统计知识和计算机技术，使用排列法、分类法、计点法、因素比较法四种基本方法，对多个评价因素进行准确的评定或测定，最终做出科学的评价。

二、岗位评价的工作流程

（一）收集与岗位评价有关信息的工作程序

1. 将全部岗位进行分类

按岗位的工作性质，根据企事业单位的生产规模或工作范围、产品或服务繁杂程度等具体情况来确定岗位类别：将单位的全部岗位划分成若干个大类，例如，某高等院校将教师的岗位划分为教学岗、教学科研岗、科

研教学岗和科研岗四大类；某公司将本企业的岗位区分为技术岗、管理岗、营销岗和生产岗四大类。

2. 收集与岗位评价有关的信息

进行岗位评价之前，必须搜集有关的信息，否则无法对岗位进行科学合理的评价。

（1）确定所需要的信息

采用复杂程度不同的方法进行岗位评价，所需要的信息不同，所需信息的详细程度可能也不同。例如，海氏系统法中，所有岗位所包含的薪酬因素主要有六种：任职资历、人际关系及沟通技巧、管理范围、岗位资源、岗位竞争、任务的艰巨性和复杂性。因此，用此法进行岗位评价需要收集这六方面的数据和信息，通常采用调查表格的形式。

（2）设计各种专业表格

为得到所需的信息，应以表格记录汇总有关信息。常用的表格有问卷调查表、调查汇总表。在进行岗位调查时，不妨根据需要设计这样的问卷调查表格，请员工自己填写，由其直接上级审核，汇总后即可得到所需要的信息。

（二）岗位评价的工作程序

（1）建立由岗位分析评价专家组成的工作岗位评价小组，培训有关的评价人员，使他们系统地掌握工作岗位评价的基本理论和方法，能够独立地完成对各个层级工作岗位的综合评价。

（2）制定出工作岗位评价的总体计划，并提出具体的行动方案或实施细则。

（3）在广泛收集资料的基础上，找出与岗位有直接联系、密切相关的各种主要因素及其指标，列出细目清单，并对有关指标做出说明。

（4）通过评价专家小组的集体讨论，构建工作岗位评价的指标体系，规定统一的衡量评比标准，设计有关调查问卷和测量评比的量表。

（5）先抓几个重要岗位进行试点，以便总结经验、发现问题、采取对策、及时纠正。

（6）全面落实工作岗位评价计划，按照预定方案，逐步组织实施，包括岗位测量评定、资料整理汇总、数据处理存储、信息集成分析等具体工作的展开。

（7）撰写出企事业单位各个层级岗位的评价报告书，提供给各有关部门。

（8）最后对工作岗位评价工作进行全面总结，以便汲取经验教训，为以后岗位分类分级等工作的顺利开展奠定基础。

三、岗位评价方法

（一）岗位排列法

岗位排列法是在不对工作内容进行分解的情况下，由评定人员凭借自己的经验和判断，将各个工作岗位的相对价值或它们各自对组织的相对贡献按高低次序进行排列，从而确定某个工作岗位与其他工作岗位的关系。

1. 岗位分析

由有关人员组成评价小组，做好相应的各项准备工作，然后对工作岗位情况进行全面调查，收集有关岗位方面的资料、数据，并写出调查报告。

2. 选择标准工作岗位

所选岗位必须广泛分布于现有的岗位结构中，同时彼此之间的关系需要得到广泛的认同；必须能代表岗位所包括的职能特性和要求；标准岗位的数量通常选取总岗位的 10% ~ 15%；需建立一个用以排列其他岗位的机构框架。

3. 岗位排列

评定人员必须对有关工作进行全面了解。实际排列过程中，岗位不仅要与标准岗位相比，也要与已排列好的岗位相比。排列后的岗位等级通常呈金字塔形。与员工的业绩考核一样，在排序的时候也可以使用交错排序法，即先选出价值最高的工作和价值最低的工作，然后再选次高等、次低等的工作，其理由是人们比较容易认定极端的情形。

4. 岗位定级

按评判标准对各岗位的重要性做出评判，将各个岗位的评定结果汇总，用序号之和除以评定人数得到每一岗位的平均序数，按平均序数由小到大评定出岗位相对价值的次序。

岗位排列法是各种岗位评价方法中最简单的一种，其主要优点是简单方便，容易理解和应用，比较适合缺乏时间和金钱做规划工作同时结构稳定的小公司。该方法从整体出发，对各岗位进行评定，避免了因工作要素分解而引起的矛盾和争论。但是，这种岗位评价方法有很多缺点。首先，在应用这种方法时，对工作岗位进行排序时所使用的标准经常定义得比较宽泛，没有明确的补偿因素，所以在排序过程中很难避免主观因素的干扰。其次，排列法要求评估委员会的成员对每一个需要评价的工作细节都非常熟悉，显然这几乎是不可能完全做到的。最后，虽然它能够排列各种工作相对价值的相对次序，但是它无法回答相邻的两个工作岗位之间的价值差距是多少。比如，它可以告诉我们行政秘书的工作价值大于录入员，小于系统分析师，但是无法告诉我们行政秘书的工作价值比录入员大多少，又比系统分析师少多少。要解决这一问题，就需要采用其他岗位评价方法。

（二）岗位分类法

岗位分类法又称归级法，是对排列法的改革。岗位分类法的工作程序如下：

（1）确定岗位类别的数目。

（2）对各岗位类别的各个级别进行明确定义。

（3）将被评价岗位与所设定的等级标准进行比较，将它们定位在合适的岗位类别中合适的级别上。

（4）当岗位评价完成后，就可以以此为基础设定薪酬等级了。

岗位分类法的优点：第一，比较简单，所需经费、人员和时间相对较少，对于工作内容不太复杂的部门，能在较短时间内得到满意结果；第二，因等级标准的制定遵循了一定的依据，其结果比排列法准确、客观；第三，出现新工作或工作变动时，容易按照等级标准迅速确定其等级；第四，岗位分类法应用灵活、适应性强，为劳资双方谈判及争端解决留有余地。当然，岗位分类法也是有缺陷的，首先表现在岗位等级的划分和界定存在一定的难度，带有主观性；其次是它只能将岗位归级，仍旧无法衡量职位之间价值的量化关系，难于直接运用到薪酬体系中。

（三）配对比较法

配对比较法也称相互比较法，就是将所有要进行岗位评价的岗位排列在一起，两两配对比较，其价值较高者可得 1 分，最后将各岗位所得分数相加，分数最高即等级最高。按分数高低将岗位进行排列，即可划定岗位等级；通过计算平均序数，便可得出岗位相对价值的次序。

第四节 福利

一、福利概述

（一）福利的定义和特点

福利是指企业以组织成员身份为依据，而不是以员工的劳动情况为依据支付给员工的间接薪酬。在劳动经济学中，福利又曾被称为小额优惠，是组织为提高员工的满意度，向员工及其家属提供的旨在提高其生活质量的措施和活动的总称。根据这一定义，我们可从以下几方面来理解福利：第一，福利的提供方是企业，接受方是员工及其家属；第二，福利是整个薪酬系统的重要组成部分，是除了基本薪酬和可变薪酬之外的那部分薪酬；第三，福利可以采取多种形式发放，服务、实物和货币都可以是福利的支付形式；第四，福利旨在提高员工的满意度和对企业的归属感。

与直接薪酬相比，福利具有以下几个重要的特点：

（1）实物或延期支付的形式。直接薪酬往往采取货币支付和现期支付的方式；福利多采取实物支付或延期支付的形式。

（2）固定性。直接薪酬具备一定的可变性，与员工个人直接相连；福利则具有准固定成本的性质，不会因为工作绩效的好坏而在福利的享受上存在差异。

（3）均等性。企业内部的福利对于员工而言具有一视同仁的特点，履行了劳动义务的企业员工，都有享有企业各种福利的平等权利，不会因为职位层级的高低而有所差别。但均等性是针对一般福利而言的，对一些高层次的福利，许多企业还是采取了差别对待的方式，如对高层管理人员的专车配备等。

（4）集体性。福利主要是通过集体消费或使用公共物品等方式让员工享有，集体消费主要体现在通过集体购买、集体分发的方式为员工提供一些生活用品。

（二）福利的优缺点

相比于直接薪酬，福利具有独特的优势：首先，它的形式灵活多样，可以满足员工不同的需要；其次，福利具有典型的保健性质，可以减少员工的不满意，有助于吸引和保留员工，增强企业的凝聚力；再次，福利还具有税收方面的优惠，可以使员工得到更多的实际收入；最后，由企业来集体购买某些产品，具有规模效应，可以为员工节省一定的支出。但是福利也存在一定的问题：首先，由于它具有普遍性，与员工个人的绩效并没有太大的直接联系，因此在提高员工工作绩效方面的效果不如直接薪酬那么明显，这也是福利最主要的问题；其次，福利具有刚性，一旦为员工提供了某种福利，就很难将其取消，这样就会导致福利的不断膨胀，从而增加企业的负担。

（三）福利的功能

福利作为员工薪酬的重要组成部分，一直稳定而又积极地发挥着它的作用。具体而言，福利的功能和作用可以分为两种，一种是对员工的作用，另一种是对企业的作用。

1. 福利对员工的作用

许多员工在选择工作的时候比较重视企业所能提供的福利待遇，原因不仅仅在于福利待遇构成了总薪酬的一部分，更在于福利可以满足员工的多种需求。具体来说，福利对员工的作用可体现在以下方面：

（1）增加员工的收入。福利可以增加员工的收入，并且福利作为一种准固定成本的支出，对员工而言是一种保障性的收入，不会因为员工个人绩效不佳而减少。

（2）保障员工家庭生活及退休后的生活质量。企业提供的福利很多是针对员工的家庭生活和家人，为其提供实物或服务，这有助于员工提高家庭的生活质量。另外，员工退休后的收入较在职时会有较大幅度的降低，国家法定的养老保险等福利待遇就能够保障员工退休后的生活维持在一定的水平。

（3）满足员工的平等和归属需要。根据需求层次理论，员工在经济条件获得满足后，会产生得到尊重、归属等需求，而福利正好能够满足员工这方面的需求。福利具有均等性，让员工感受到公平和企业对他们的重视，从而获得归属感和尊重感。

（4）集体购买让员工获得更多的优惠。员工福利中的很多内容是员工工作或生活中所必需的，即使企业不提供，员工也需要自己购买。而集体购买产生规模效益，具有价格上的优惠。此外，企业还可以以较低的成本为员工提供某些项目的服务，因为它可以将固定成本分散到较多员工身上，从而降低每位员工承担的成本。

（5）满足员工多样化的需求。员工福利的形式多种多样，既可以是实物，也可以是服务，甚至是集体旅游，多样化的福利形式能够满足员工多样化的需求。

2. 福利对企业的作用

虽然对于企业而言，福利不能直接激励员工的绩效，而且要承担一定的成本，但是，如果设计得当、合理利用，福利还是利大于弊的。福利对企业的主要作用体现在以下几方面：

（1）吸引和留住员工。从经济学角度来讲，大多数劳动者是风险规避型的，他们会追求收入的稳定性。与直接薪酬相比，福利的稳定性无疑更强。如果企业的福利项目比较丰厚，就能够增加企业对人才的吸引力，同时可以降低员工的流动率。

（2）营造和谐的企业文化，树立企业形象。企业通过福利为员工提供各种形式的照顾和实惠，可以让员工感受到企业的关怀和重视，加强员工与企业之间的心理契约，这些都有助于提高员工的满意度和凝聚力，从而营造以人为本的和谐的企业文化。

（3）享受国家的税收优惠政策，提高企业成本支出的有效性。在许多市场经济国家，员工福利计划所受到的税收待遇要比基本薪酬、可变薪酬的税收待遇更优惠。这意味着对企业而言，同等金额的福利和基本薪酬、可变薪酬相比，前者有可能产生更大的潜在价值。

二、法定福利和自主福利

在不同的企业中，福利的内容各不相同，存在着非常大的差异。但是，一般来说，可以将福利的项目划分为两大类：一是国家法定的福利；二是企业自主的福利。

（一）国家法定的福利

这是由国家相关的法律和法规规定的福利内容，具有强制性，任何企业都必须执行。法定福利为员工提供了工作和生活的基本保障，当员工在遭遇失业、疾病、伤残等特殊困难时给予及时救助，提高了员工防范风险的能力。从我国目前的情况看，法定福利主要包括以下几项内容：

1. 法定的社会保险

法定的社会保险包括基本养老保险、基本医疗保险、失业保险、工伤保险和生育保险，也就是通常企业所说的“五险”。企业要按照员工工资的一定比例为员工缴纳保险费，如我国的《失业保险条例》第六条规定：城镇企事业单位要按照本单位工资总额的 2% 缴纳失业保险费。

2. 住房公积金

住房公积金是用人单位和在职员工共同缴存的长期住房储金，由两部分组成：一是员工个人每月按规定从工资中扣缴的部分；二是单位每月按规定为员工个人缴存的部分。

3. 公休假日

公休假日指企业要在员工工作满一个工作周后让员工休息一定的时间，我国目前实行的是每周休息两天的制度。《中华人民共和国劳动法》第三十八条规定：用人单位应当保证劳动者每周至少休息一天。

4. 法定休假日

这是指员工在法定的节日要享受休假，我国目前的法定节日包括元旦、春节、国际劳动节、国庆节和法律法规规定的其他休假节日。《中华人民共和国劳动法》规定，法定假日安排劳动者工作的，应支付不低于 300% 的劳动报酬。

5. 带薪休假

这是指员工工作满规定的时期后，可以带薪休假一定的时间。《中华人民共和国劳动法》第四十五条规定：国家实行带薪年休假制度。劳动者连续工作一年以上的，享受带薪年休假。

（二）企业自主的福利

除了法定的福利外，许多企业也自愿地向员工提供其他种类的福利，比如，企业补充养老金、团体人寿保险计划、健康医疗保险计划，除法定假期之外的各种假期、休假，为员工及其家属提供的各种服务项目（如儿童看护、老年人护理等），以及灵活多样的员工退休计划，等等，这类福利称为企业自主福利。与法定福利本质上的不同之处在于，它们不具有任何强制性，具体的项目也没有一定的标准，企业可以根据自身的情况灵活决定。

三、福利的管理

为了保证给员工提供的福利能够充分发挥其应有的作用，在实践中，一般要按照下面的步骤来实施福利的管理。

（一）调查阶段

为了使提供的福利能够真正满足员工的需要，首先必须进行福利需求的调查。在过去，我国部分企业都忽视了这一点，盲目地向员工提供福利，虽然也支出了大笔的费用，但效果并不理想。在进行福利调查时，既可以由企业提供一个备选“菜单”，员工从中选择，也可以直接收集员工的意见。

同基本薪酬的确定一样，福利调查也分为两个部分，内部福利调查只是解决了员工的需求问题，但是这些需求是否合理，企业总体的福利水平应当是多少，这些问题都需要进行外部福利调查。当然，这种调查没有必要单独进行，可以与薪酬调查同时进行。

（二）规划阶段

福利调查结束后，就要进行福利的规划。首先，企业要根据内外部调查的结果和企业自身的情况，确定需要提供的福利项目。其次，要对福利成本做出预算，包括总的福利费用、各个福利内容的成本、每个员工的福利成本等。最后，要制定出详细的福利实施计划，例如，福利产品购买的时间、发放的时间、购买的程序、保管的制度等。

（三）实施阶段

这一阶段就是要按照已制定好的福利实施计划，向员工提供具体的福利。在实施中要兼顾原则性和灵活性，如果没有特殊情况，一定要严格按照制定的计划来实施，以控制好福利成本的开支；如果遇到特殊情况，也要灵活处理，对计划做出适当的调整，以保证福利提供的效果。

（四）反馈阶段

实施阶段结束以后，还要对员工进行反馈调查，以发现在调查、规划和实施阶段存在的问题，从而不断地完善福利实施的过程，改善福利管理的质量。

四、福利管理的发展趋势

传统上，企业提供的福利都是固定的，向所有的员工提供一样的福利内容，但是员工的实际需求并不完全一样，因此固定的福利模式往往无法满足员工多样化的需求，从而削弱了福利实施的效果。从 20 世纪 90 年代开始，弹性福利模式逐渐兴起，成为福利管理发展的一个趋势。

弹性福利也叫自助式福利，就是由员工自行选择福利项目的福利管理模式。需要强调的是，弹性并不意味着员工可以完全自由地进行选择，有一些项目还是非选项，如法定的社会保险。

从目前的实践来看，发达国家企业实行的弹性福利主要有以下五种类型。

（一）附加型弹性福利

这是指在现有的福利计划之外，再提供一些福利项目或提高原有的福利水准，由员工选择。例如，原来的福利计划包括房屋津贴、交通补助、免费午餐等。实行附加型弹性福利后，可以在执行上述福利的基础上，额外提供附加福利，如补充养老保险等。

（二）核心加选择型弹性福利

这是由核心福利项目和选择福利项目组成福利计划，核心福利是所有员工都享有的基本福利，不能随意选择；选择福利项目包括所有可以自由选择的项目，并附有购买价格，每个员工都有一个福利限额，如果总值超过了所拥有的限额，差额就要折为现金由员工支付。福利限额一般是未实施弹性福利时所享有的福利水平。

（三）弹性支用账户

这是指员工每年可以从其税前收入中拨出一定数额的款项作为自己的“支用账户”，并以此账户去选购各种福利项目的福利计划。由于拨入该账户的金额不必缴所得税，因此对员工具有吸引力；为了保证“专款专用”，一般都规定账户中的金额如果本年度没有用完，不能在来年使用，也不能以现金形式发放，而且已经确定的认购福利款项也不得挪作他用。

（四）福利“套餐”

这是由企业提供的多种固定的福利项目组合，员工只能自由地选择某种福利组合，而不能自己进行组合。

（五）选择型弹性福利

这是在原有的固定福利的基础上，提供几种项目不等、程度不同的福利组合供员工选择。这些福利组合的价值，有些比原有固定福利高，有些比原有固定福利低。如果员工选择比原有固定福利价值低的组合，就会得到其中的差额，但是员工必须对所得的差额纳税；如果员工选择了价值较高的福利组合，就要扣除一部分直接薪酬作为补偿。

弹性福利模式的发展，可以说解决了传统的固定福利模式所存在的问题，可以更好地满足员工的不同需要，从而增强激励的效果。此外，这种模式也减轻了人力资源管理人员的工作量。但是这种模式也存在一定的问题，员工可能只顾眼前利益或者考虑不周，从而选择了不实用的福利项目；由于福利的项目不统一，减少了购买的规模效应，还增加了管理的成本。

从发达国家的实践来看，还出现了福利管理的社会化和货币化趋势。福利管理的社会化是指企业将自己的福利委托给社会上的专门机构进行管理，这样企业的人力资源管理部门就可以摆脱这些琐碎的事务，能够集中精力来进行那些附加值高的活动。此外，由于这些机构是专门从事这项工作的，因此提供的福利管理也更加专业化。但是，这种方式也存在一个问题，由于外部机构对企业的情况可能不太了解，因此企业需要与其进行大量的沟通，否则提供的福利就会失去针对性。

福利管理的货币化是指企业将本应提供给员工的福利折合成货币，以货币的形式发放给员工。这种方式可以大大降低福利管理的复杂程度，减轻企业的管理负担。但是，以货币形式发放福利就改变了福利原有的性质，从而削弱了福利应有的作用，例如，体育比赛由员工自发组织和由企业出面组织在凝聚力方面就存在很大的差距。此外，由于不再集中购买，就会失去规模效益，这样在企业付出相同成本的条件下，员工实际的福利水平是下降的，这会影响员工的满意度。

第六章　基于创新理念下的薪酬体系设计与绩效管理

第一节　薪酬体系设计概念

一、薪酬体系概述

（一）薪酬体系的构成

在现代人力资源管理中，广义的薪酬体系包括主观报酬和客观报酬两个部分。主观报酬是员工从工作本身得到的报酬，是对自己的工作比较满意的结果。组织可以通过各种方法，如丰富工作内容和形式或重新设计工作等，来增强员工在工作中的个人价值感，进而使个体获得较多的主观报酬。主观报酬包括参与公司的重要决策、承担更多的责任、获得成长的机会、适当的工作自由和权限、对工作的兴趣等。

客观报酬包括直接报酬、间接报酬和非金钱性报酬。其中，直接报酬主要包括基础工资、绩效工资、奖金、股权、红利、各种津贴等；间接报酬包括保险、非工作日工资、服务和额外津贴；非金钱性报酬包括满意的办公设备、满意的午餐时间、满意的工作分工等，虽然它们不直接表现为金钱的形式，但实质上就是金钱或金钱所带来的优惠。

狭义上的薪酬是指企业根据其成员所做的贡献（包括实现的绩效、付出的努力与时间、学识、技能、经验与创造）所付给的相应的回报、答谢或奖赏，大体可以分为工资、奖金、津贴和福利等几方面。

（二）薪酬水平

所谓薪酬水平是指从某个角度按某种标准考察的某一领域内员工薪酬的高低程度。如考察工资水平，从广义上来讲，是指在一定时间内员工平均工资的高低程度。按不同的范围，可划分为全国、地区、行业、企业、部门的工资水平；按工资特点和职业类别，可划分为各种职业、工种的工资水平；按劳动者本身条件可划分为不同性别、不同文化程度、不同工作年限的工资水平；按不同时间可划分为不同时期、不同年份的工资水平；等等。

衡量薪酬水平的高低可以用三个指标：平均薪酬、薪酬平均率、增薪幅度。

平均薪酬＝该单位（或企业）薪酬总额/该单位（或企业）员工人数

平均薪酬可分国家、地区、企业、部门分别考察，考察哪个单位（或企业）就用这个单位（或企业）的薪酬总额与员工人数相比较，其比值就是平均薪酬。

薪酬平均率＝实际平均薪酬/薪酬幅度的中间数

薪酬平均率的数值越接近1，则实际平均薪酬越接近于薪酬幅度的中间数，薪酬水平越理想；当薪酬平均率等于1时，说明用人单位所支付的薪酬总额符合平均趋势；若薪酬平均率大于1，表示用人单位支付的薪酬总额过高；若薪酬平均率小于1，表示用人单位实际支付的薪酬数目较薪酬幅度的中间数要小。利用薪酬平均率指标可以衡量组织支付的薪酬标准，从而控制组织的总支出。

增薪幅度=本年度的平均薪酬水平 - 上一年度的平均薪酬水平

增薪幅度是指组织的全体员工的平均薪酬水平增长的数额。增薪幅度越大，说明组织的总体人工成本增长得越快，要注意将其控制在组织所能承担的范围内。如果增薪幅度过小，说明组织的总体薪酬水平比较稳定，人工成本变化小。但增薪幅度过小也可能意味着该组织是一个处于停滞中的组织，仅是维持了生存而没有发展。

二、薪酬管理的重要性

科学而有效的薪酬管理具有重要的意义和作用，具体表现在以下几方面。

（一）可以吸引和留住人才

在目前的市场经济中，薪酬无疑是吸引和留住人才的有效工具，但这并不是说，工资越高越能吸引人才、留住人才。科学而合理的薪酬体系是吸引和留住更多人才的必要条件。

（二）可以激励人才

科学而合理的薪酬体系是使每个员工自觉地为实现企业目标而努力工作的有效激励手段。薪酬的高低决定了人们物质生活条件的好坏，同时薪酬的高低也可以代表一个人社会地位的高低。薪酬是全面满足员工多种需要的经济基础。因此，正常合理的薪酬分配有助于调动员工的积极性；反之，则势必影响员工积极性的发挥，薪酬的激励作用也将丧失。

（三）具有调节功能

薪酬的差异可以促进人力资源的合理流动和配置。人们总是在物质利益的驱动下愿意到薪酬高、环境好的地方（地区、企业、部门）就业。因此，对国家来说，可以通过薪酬调节，引导劳动者向合理的方向流动，从而达到劳动力资源的合理配置；对于企业来说，企业一方面可以通过调整内部薪酬水平来引导内部的人员流动，另一方面，对外则可以利用薪酬的差异来吸引急需的人才或人力。

（四）具有凝聚功能

企业制定公平合理的薪酬可以激发员工的工作积极性，使员工体会到自身被关心和自我价值被认可，从而增加其对企业的情感依恋，自觉地与企业同甘共苦，为自身的发展与企业目标的实现而努力工作。

（五）可以满足个体和组织的需要

企业的基本目标是以较低的成本来获取合理的利润。一个优秀的薪酬体系应该既能满足员工生理、心理上的需要，又能满足组织获取最大经济效益和社会效益并不断发展的需要。

三、薪酬体系设计和管理的原则

一般来说，薪酬体系设计和薪酬管理要注意以下原则。

（一）合法性原则

薪酬体系设计与管理必须符合国家和地区的相关法律法规。

（二）公平性原则

薪酬体系要公平，要使员工认识到人人平等，只要在相同岗位上做出相同的业绩，那么他们将获得相同的薪酬。公平性原则包括两方面的要求：其一是外部公平，即企业的薪酬水平与劳动力市场中的薪酬水平相当；其二是内部公平，即同一企业中每人所得工资与其他人所得到的工资相比，应该是公平合理的。

（三）适度性原则

适度性是指薪酬体系要有上限和下限，它应在一个适当的区间内波动。

（四）相对稳定性原则

相对稳定性是指薪酬体系要使员工感到稳定和安全，不能经常变动，一些重要内容变动更要慎重。

（五）认可性原则

薪酬体系是由企业管理层制定的，但应该使大多数员工认可，这样才会起到更好的激励作用。

（六）平衡性原则

薪酬体系的各方面要平衡，如不能只注重金钱奖励而忽视非金钱奖励。

（七）激励性原则

薪酬是激励员工的重要手段。良好的薪酬体系设计应该遵循激励性原则。

四、薪酬体系设计的目标

薪酬体系表明了企业重视什么和准备为了什么而付薪酬。企业在每件事情中去奖赏正确的行为，使员工得到正确的信息，这种需求操纵着薪酬体系。

（一）整体目标

薪酬体系设计的整体目标是保证企业拥有符合企业经营、发展需要的员工来确保企业战略目标和短期目标的达成。

（二）具体目标

从企业的观点来看，薪酬体系设计的具体目标是：

（1）在企业价值观、员工绩效的期望中起重要作用。

（2）鼓励那些有助于达到企业目标的行为。

（3）巩固企业文化，促进长期发展，实现结构变革。

（4）支持企业在提高质量、关心客户、开展团队工作、促进企业革新、增强市场反应能力和适应性以及反应速度等方面的关键价值的实现。

（5）为钱提供价值——除非企业能确定优先薪酬可以增值，否则不能尝试；并且除非薪酬能导致增值，否则不能尝试。

（三）薪酬目标的达成

有人认为，要达到上述薪酬目标，企业薪酬政策的实行应该是“内部平等而外部竞争”。就这句话而言是完全正确的，但它是不易达到的，主要是因为内部公平和外部竞争二者难以协调。当企业不得不聘用某些具有特殊才能的人才时，市场的压力迫使企业不能考虑内部平等。此外，一个浅薄的、希望有竞争力的愿望有时是不适宜的。实行竞争的策略性观点认为，达到竞争性工资应该持续地提供一定水平的工作质量、生产力或绩效等，这些必须能够证明工资水平反映了期望中的合理的绩效。也就是说，竞争性工资应该与竞争性绩效相关联。

第二节　激励机制管理与福利计划

一、激励机制及其分类

激励机制，是指组织系统中，激励主体通过激励因素或激励手段与激励客体之间相互作用的关系的总和，也就是指企业激励内在关系结构、运行力和发展演变规律的总和。

激励机制所包含的内容极其广泛，既有外部激励机制，又有内部激励机制。外部激励机制是指消费者、履行社会管理职能的政府、社区公众等对企业的激励。内部激励机制是指对企业成员包括经营者和职工的激励。

内部激励通常分为物质奖励和精神奖励两种。物质奖励是世界各国企业普遍采用的一种激励手段。所谓物质奖励，是企业以经济手段如工资、奖金、福利待遇等，来激发职工的物质动力。所谓精神奖励，是企业以授予某种具有象征意义的符号，或对职工的行为方式和价值观念给予认可、赞赏等作为激励手段，如职称的晋升、荣誉称号的授予、劳动成果的评价以及对职工的信任、尊重等，以此激发职工的精神动力。

二、我国企业物质奖励制度的现状

（一）我国企业工资制度的现状

我国的企业工资，是国家或企业按照职工向社会提供的劳动量（扣除他为社会劳动的部分），以货币形式支付给职工的劳动报酬。它是实现按劳分配的一种形式，体现着职工之间以及职工与国家、职工与企业之间在根本利益一致基础上的平等的有差别的一种物质利益关系，是一种为实现按劳分配原则而制定的企业劳动报酬制度。

目前，我国已初步确立了以按劳分配为主体，市场机制决定、企业自主分配、国家宏观调控的企业工资制度。完善、合理的企业工资制度，能够激励职工勤奋学习、诚实劳动，努力提高自己的劳动技能，充分发挥自己的劳动积极性和创造性。

（二）我国企业奖金制度的现状

我国企业实行的奖金制度，始于1950年开展的创新纪录奖、竞赛奖、无事故奖、节约燃料奖等单项奖，并在第一次工资改革后，逐步建立并发展起来。企业在奖金发放方面拥有一定的自主权。目前，企业职工的奖金按发放时间分，可分为月度奖、季度奖、半年奖和年终奖等。按因素多寡分，可分为单项奖和综合奖。单项奖就是职工超额完成某项生产经营指标所获得的奖金，综合奖是职工根据多项指标的综合完成情况所获得的奖金。

由于奖金制度能够比较及时、准确地反映每个职工向社会提供的实际劳动量的变化情况，可以把劳动报酬与劳动成果更直接地联系起来，因而它可以起到工资制度所不能起到的作用，是工资制度不可缺少的一种补充。合理的企业奖金制度，在调动职工劳动积极性、加强劳动纪律、提高产品质量、降低原材料消耗、加快产品的升级换代、开展技术革新和技术革命、提高劳动生产率、改善企业经营管理等方面，都能够起到积极的促进作用。

（三）我国企业职工福利制度的现状

我国企业职工福利制度实际上是对职工工资的一种补充形式。目前，我国企业职工福利制度所包含的主要内容有：

一是改善职工生活的项目。其宗旨是减轻职工生活负担和家务劳动，提供各种生活上的便利条件，解决职工的后顾之忧。

二是丰富职工文化生活的项目。其主要内容是活跃并丰富职工的文化生活，提供各种文体设施，开展各种文化娱乐活动。

三是提供生活补贴及其他福利性的项目。其主要内容是满足职工的不同需要，减轻其生活费用开支，解决职工及其家属的生活困难问题，提供各种生活补贴及其他福利性项目。

三、福利计划

很多企业往往只重视薪酬体系中的工资、奖金、津贴等部分，实际上，薪酬结构的各个部分在人力资源管理中都能发挥重要的作用，好的福利体系往往也能提高企业人力资源的管理水平。因此，福利计划是人力资源薪酬管理中非常重要的一个环节。

（一）员工福利体系

员工基本福利是福利体系重要构成之一，由于它是政府规定的福利，因此员工基本福利又称为“法定福利”。它主要包括社会基本保险、职工住房公积金、法定休假福利等。目前法定的社会基本保险包括以下五方面。

1. 养老保险

养老保险是社会保障制度的重要组成部分，是社会保险五大险种中最重要的险种之一。所谓养老保险（或养老保险制度）是国家和社会根据一定的法律和法规，为解决劳动者在达到国家规定的解除劳动义务的劳动年龄界限，或因年老丧失劳动能力退出劳动岗位后的基本生活而建立的一种社会保险制度。

2. 医疗保险

医疗保险就是当人们生病或受到伤害后，由国家或社会给予的一种物质帮助，即提供医疗服务或经济补偿的一种社会保障制度。

基本医疗保险具有社会保险的强制性、互济性、社会性等基本特征。因此，医疗保险制度通常由国家立法，强制实施，建立基金制度，费用由用人单位和个人共同缴纳。医疗保险费由医疗保险机构支付，以解决劳动者因患病或受伤害而带来的医疗风险。

3. 失业保险

失业保险是指国家通过立法强制实行的，由社会集中建立基金，对因失业而暂时中断生活来源的劳动者提供物质帮助的制度。它是社会保障体系的重要组成部分，是社会保险的主要项目之一。

失业保险具有如下几个主要特点：一是普遍性，它主要是为了保障有工资收入的劳动者失业后的基本生活而建立的，其覆盖范围包括劳动力队伍中的大部分成员。二是强制性，它是通过国家制定法律、法规来强制实施的。根据有关规定，不履行缴费义务的单位和个人都应当承担相应的法律责任。三是互济性，失业保险基金主要为社会筹集，由个人、单位和国家三方共同负担，缴费比例、缴费方式相对稳定，筹集的失业保险费，不分来源渠道，不分缴费单位的性质，全部并入失业保险基金，在统筹地区内统一调度使用以发挥互济功能。

4. 工伤保险

工伤保险是社会保险制度的重要组成部分，是指国家和社会为在生产、工作中遭受事故伤害和患职业性疾病的劳动者及其亲属提供医疗救治、生活保障、经济补偿、医疗和职业康复等物质帮助的一种社会保障制度。

工伤即职业伤害所造成的直接后果是伤害到职工生命健康，并由此造成职工及其家庭成员的精神痛苦和经济损失，也就是说，劳动者的生命健康权、生存权和劳动权利受到影响、损害甚至被剥夺了。劳动者在其单位工作、劳动，必然形成劳动者和用人单位之间相互的劳动关系，在劳动过程中，用人单位除支付劳动者工资待遇外，如果不幸发生了事故，造成劳动者的伤残、死亡或患职业病，此时，劳动者自然就具有享受工伤保险的权利。劳动者的这种权利是由国家宪法和劳动法给予根本保障的。

5. 生育保险

生育保险是通过国家立法规定，在劳动者因生育子女而导致劳动力暂时中断时，由国家和社会及时给予物质帮助的一项社会保险制度。

我国生育保险待遇主要包括两项：一是生育补贴，用于保障女职工产假期间的基本生活需要；二是生育医疗待遇，用于保障女职工怀孕、分娩期间以及职工实施节育手术时的基本医疗保健需要。

我国生育保险工作的实践证明，在市场经济条件下，实行生育费用社会统筹和社会化管理服务，对于均衡企业负担、改善妇女就业环境、切实保障女职工生育期间的基本权益，有着重要作用。同时，对计划生育、优生优育等工作也产生了积极影响。

（二）福利计划的含义

所谓福利计划是在福利分析的基础上对公司所要选择的福利项目（主要指补充福利）进行前瞻性思考后制定的计划，它包含了福利项目选择及福利预算两方面的重要内容。一般来说，基本福利（法定福利）是不需要单独计划的，因为它本身就是强制性的、以国家法律形式规定的福利，企业必须执行，否则就是违反法律和政策。因此，我们所说的福利计划往往是指补充福利的计划。

福利项目选择往往取决于前期的福利调查与分析是否与员工进行了充分的沟通，在企业内部，企业的福利项目的最终确定需要经过一定的决策流程。在福利项目进行选择时，福利计划人员要擅长借鉴市场的一般经验值并能紧密把握员工的需求。在完成流程决策、审批后，福利计划人员需要进行福利预算。福利预算借鉴财务预算的方法进行。

福利计划的结果是编制完成后的福利计划表，它将帮助人力资源管理人员对各项目福利的内容、推进时间、享受条件等因素进行前瞻性的思考。

应当指出，上文所列的福利仅仅是一些相对比较常见的福利项目，福利市场经验值有很多可借鉴的地方，一些企业还启动“自助式福利计划”（也有称之为“综合福利计划”）。其做法是由企业提供一份供员工选择的福利清单，让员工自己选择，各取所需。允许员工在一定范围之内，在企业指定的多项福利计划中进行选择，具有一定的灵活性，使员工更有自主权。自助式福利的优点：对员工来说可以根据自己的实际需要，选择对自己最有利的福利，这对员工具有更好的激励作用；对企业来说自助式福利通常会在每个福利项目中标明其金额，从而使员工了解每项福利的价值，让员工有所珍惜，有助于企业管理工作和成本控制；自助式福利有利于吸引优秀人才，降低员工的离职率。自助式福利计划的缺点：自助式福利的计划比较复杂，增加了承办人的负担，也会增加行政费用；自助式福利会使企业成本上升；部分员工在选择福利项目时，因没有仔细了解该项目的内容，结果选择了对其不实用的项目而造成资源浪费；等等。

第三节　绩效考核方法及实施

一、绩效考核的方法

（一）系统的绩效考核方法

1. 目标管理法

在目标管理方式中，管理者与员工会在一个绩效周期开始时共同制定该周期需要完成的工作目标。这种目标以组织的战略目标为基础，通常是可以量化的指标，企业可以在考核时加以测量。

目标管理法的特点：目标明确，员工具有高度的参与性；目标管理过程对员工具有鲜明的培养性，便于员工进行自我管理。

2. 平衡计分卡法

平衡计分卡法是一种新型的战略性绩效管理工具和方法。它从组织的战略目标出发，从四个角度来关注组织的绩效，即财务角度、客户角度、内部流程角度和学习发展角度。它的特点是更加全面地反映组织的绩效，它不仅以财务指标来揭示组织的经营结果，还增加了组织长远发展所必备的客户指标、内部流程指标和学习与发展指标。

平衡计分卡法的思路指导着企业的绩效管理工作，推动着企业提高整体绩效，进而促进企业的迅速发展。

3. 关键绩效指标法

关键绩效指标法的目的是建立起一种机制，将组织的重大战略目标转化为各个层次的可量化或可行为化的指标和标准，以增强组织核心竞争力。

关键绩效指标法的核心工作是建立起用于描述组织关键成功要素的关键绩效指标体系。

4. 标杆超越法

标杆超越法的核心是选择同行业内的一流企业作为本企业比较、学习、借鉴的榜样，实现组织赶超一流企业、不断提升市场竞争力的目标。标杆超越法有利于激励组织内部成员的潜力，也有利于促进经营者激励制度的完善。

（二）非系统的绩效考核方法

1. 排序法

即对员工绩效的好坏程度直接进行比较，确定员工绩效的相对等级和次序。排序有两种方法：

（1）正向排序：按照员工绩效，由优到劣，从第一名排到最后一名。

（2）两两排序：按照员工绩效，先排最好，再排最差；接着排次好，再排次差，依此类推进行排序。

运用排序法进行绩效考核的优点是简单、实用，缺点是容易给员工造成心理压力。

2. 配对比较法

配对比较法的基本做法是将每一位员工按照所有的评价要素与其他员工进行若干次两两比较，然后根据比较结果排出绩效名次。

配对比较法比排序法更加具体、科学，缺点是随着部门人数的增多，评价的工作量会呈几何级数递增。

3. 强制分布法

强制分布法要求评价者将被评价者的绩效结果放入一个类似于正态分布的标准中。它将员工的绩效表现划分为多个等级，并确定每个等级的人数比例。

这种方法排除了评价者主观因素对考核结果的影响。但如果部门员工都同样优秀，其公平性可能就会大打折扣。

4. 关键事件法

关键事件法要求评价者在绩效周期内，将发生在员工身上的关键事件都记录下来，作为绩效考核的事实依据。关键事件法的不足之处在于每个评价者对于关键事件的理解程度可能不尽相同，且评价者也许抽不出大量的时间来逐一记录发生在每位员工身上的关键事件。

二、绩效考核的实施

（一）绩效考核的基本程序

绩效考核的基本程序分为六个步骤：制定考核指标与标准→进行考核填表计分→考核结果的汇总→考核结果审定→考核反馈→考核结果的使用。

（二）考核者的选择与培训

1. 考核者的选择

（1）直接上级

在日常考核中，一般由被考核者的直接上级对其进行考核。由于直接上级握有奖惩权力，有助于发挥管理控制的威力。

（2）同级同事

同级同事对被考核的职务最熟悉、最内行，对被评同事的情况往往也很了解。但选择同级同事作为考核者要求同事之间必须关系融洽、相互信任、团结一致，相互间有一定的交流与协作，而不是各自为政的独立作业。

（3）被考核者本人

这就是常说的自我鉴定。这可使被考核者得以陈述对自身绩效的看法，而他们也的确是最了解自己所作所为的人。自我考核能令被考核者感到满意，抵触情绪少，且有利于工作的改进。

（4）直接下级

直接下级对上级考核要尽可能匿名进行，以免因直接下级受上级管辖而有所顾忌，不能客观地评价上级。

2. 考核者的培训

考核者难免会将自己的主观印象带入绩效考核中，这会使考核结果出现不同程度的偏差。企业应该利用考核者培训的方式解决这一问题。

考核者的培训应当让每一个考核者了解绩效考核的理论和技术，同时要向考核者提出以前考核中存在的问题以及合理的解决方案。为了增加考核者培训的有效性，培训还应增加以下内容：工作绩效的多角度性，客观记录所见事实的重要性，合格与不合格员工的具体事例。

为了增强培训计划的有效性，管理者还要对培训的方式加以选择。可供选择的培训方式有传统的授课模式、群体讨论会、专题研讨会等。

在培训和绩效考核结束后，管理者还应当对培训的效果加以评价，查看评价者是否将培训中获得的知识运用到了绩效考核中，哪种培训方式对提升绩效考核结果的客观性影响最显著。

第七章　网络时代人力资源管理模式发展与创新探究

第一节　网络时代的人力资源与传统人事管理的比较

一、概念上的差异

传统的人事管理，也就是计划经济体制下的人事管理，是一种以政府及其所属的劳动人事部门为核心，由政府统一配置人才，地方、企业与个人属于服从和被动的角色的人事管理制度。这种人事管理是相对稳定的，与计划经济体制相适应。这种管理模式曾有利于中央和地方政府集中有限的人力、财力建设社会主义的物质基础和技术基础，对国民经济的恢复发挥了积极作用。但这一模式的管理过程强调事而忽视人，人的调进调出被当作管理活动的中心内容；管理过程受政治影响较大；强调听从安排，否定个人的需要和个性，扼杀了劳动者的积极性和创造性，极大地束缚了生产力。随着市场经济的发展，其弊端更加突出，于是，现代人力资源管理的发展与流行便顺理成章。

网络时代的人力资源管理更加重视整个社会人力资源的供需平衡和协调发展，是一种有关资源配置的战略管理活动。网络时代的人力资源管理部门积极与其他部门相协调，共同为企业创造效益。它强调以人为中心，除了具备传统人事管理的内容外，还具有进行工作设计、规划工作流程、协调工作关系等职能。与传统的人事管理相比，现代的人力资源管理是一种更深入、更全面的新型管理形式。

二、招聘方式的差异

由于传统的人事管理基本上是一种业务管理，其人事的重大决策权集中在政府行政部门，所以，企业在员工招聘方面没有完全的自主权。传统的人事管理仅在需要时发挥作用，因而只是在企业人手不够时补充员工，所以招聘工作主要着力于企业当前的需要。

网络时代的人力资源管理招聘是利用计算机网络进行的，企业可以在网上公布招聘信息，并在线浏览求职者的信息。互联网使人才需求信息成为公开的消息，企业的招聘人员可以在不离开办公室的情况下，广泛开展人才搜索。计算机网络招聘主要包括吸引人才、分析人才、联系人才以及最后达成协议等几个环节。这些环节是通过网上信息发布、网上人才测评与分类、在线联系或电子邮件，并利用人才招聘的一些管理软件处理相关事宜等手段来完成的。计算机网络招聘利用互联网交互性和实时性的特点，不受时间、地域的限制，向任何一台计算机终端的应聘者发出招聘信息，应聘者也可以随时随地与招聘企业联系，获取需要的最新信息。

许多大型企业、跨国公司已把网上招聘作为其招聘员工的主要形式。“到网上找工作”已成为全国大部分高校校园的流行语。据大学生反映，上网求职比传统的招聘会求职、递交自荐信的方式好得多，它不仅查询方便，信息量大，选择面广，不受时间、地点限制，还可以节省费用，提高了求职效率。

三、培训方式的差异

传统的培训因时间和地点的限制，一般都是选定某一段时间，把员工集中到室内或室外进行，这将耗费大量的人力、物力和财力。此外，一个培训师一次可以指导的学员数量是有限的，同样的培训课程每一次都要重新准备，所以传统的培训方式存在效率较低的缺陷。集中授课的培训方式具有一定的优越性：这种互动式的学习可以让培训师发现学员是否需要更多的帮助。此外，这种培训方式可以使参加者的精力集中在培训课程上。

网络时代的企业培训打破了传统培训的时空限制，各地的员工可以利用计算机网络，在本地接受异地培训。企业将培训内容发布在企业内部网站上，员工可以根据自己的需要，不受时间、地点的限制，在互联网上寻找适合自己的培训内容进行自主学习，以拓展知识与技能的深度和广度。员工之间可以进行在线探讨、交流，企业还可以提供在线疑难解答。这样使企业和员工都可以及时得到培训绩效的反馈，有利于企业及时改进培训内容和目标。但是，网络培训的自助式课程往往会被工作打断，并且网络培训要求组织建立良好的网络培训系统，而这需要大量的资金，中小企业受资金限制，往往无法花费资金购买相应的培训设备和技术。

第二节　人力资源在网络经济中的作用与影响

一、人力资源是网络经济增长的重要源泉之一

经济增长是指国民生产总值或国内生产总值在总量上的扩张。为了清楚地反映出每一要素在经济增长中的贡献水平，经济学家们建立了经济增

长模型。在这一模型中，一般采用三个要素，即资本、劳动力和技术进步。这实质上是人力资源不同侧面的表现，其量的多少、质的高低取决于人力资源的数量及素质。人力资源的素质高低决定了企业产品的质量优劣和劳动生产力的素质高低，以及投入与产出的比例。在网络经济时代，企业的成败取决于对人的管理，学会求才、用才、知才、育才，是每个成功企业管理者的必备素质。

二、人力资源是网络经济结构优化的决定因素

经济发展既表现为经济的增长，也表现为经济结构的优化。经济结构是否优化，是衡量经济发展与否的重要因素。我们在分析一个国家经济结构是否优化时会发现，经济结构是否优化不只取决于该国自然资源的禀赋，更取决于人力资源结构是否优化。人力资源结构的优化不仅表现为静态的人力资源结构能与经济结构保持协调一致和相对平衡，而且表现为动态的人力资源结构能与经济发展所需的经济结构相适应。经济结构的调整往往是从调整人力资源结构开始的，采取的手段又大多是强烈的市场化手段，即政府调整经济结构时，先指明经济结构运行的方向，引导具有相关素质的劳动者首先进入这一经济部门，并获取相应的高收入，从而强制或诱导其他劳动者转岗改行，接受新经济部门的素质培训，向这一经济部门配置相应的人力资源，直至人力资源处于饱和状态，经济结构得到有效调整。

三、人力资源是网络经济下企业的兴盛之本

任何企业都拥有三种基本资源，即物力资源、财力资源和人力资源。对于企业来说，物力资源和财力资源是企业的有形资源，是衡量企业的重要尺度，但二者都具有有限性；而人力资源正好与之相反，它是一种无形

资源，具有相对无限性，是可再生资源。企业可以通过教育、培训和开发等活动提高人力资源的品质，增加人力资源的数量，用人力资源代替非人力资源，从而减轻企业发展过程中非人力资源稀缺的压力。同时，企业为提高产品质量、降低成本和在市场上占据优势，纷纷改进工艺，运用先进机器设备，而这些又需要高素质的人力资源来完成。所以，人力资源开发的好坏，在很大程度上决定了企业的兴衰。

第三节　网络对人力资源开发与管理的影响

一、网络对人力资源组织的影响

在传统的金字塔式组织结构中，强调命令、控制以及清晰地描述员工的任务，因此，组织对员工的期望是明确的，员工的晋升路线也是垂直的。晋升意味着责任的增加、地位的提高和更高的报酬，人力资源管理的全部信息都集中在组织的最高管理层。

网络时代，由于信息沟通及处理的便捷性，公司的管理层次将大大减少，所以，扁平式、矩阵式、网络状的结构将变成多数公司的组织架构模式。项目管理小组和在线合作将成为工作中最常见，也最有效的一种方式。组织将鼓励员工扩大自己的工作内容，提高员工的通用性和灵活性。

二、网络对人力资源管理各职能的影响

（一）网络对绩效评估的影响

网络将遥远的距离拉近，主管可以很快看到来自各地的每个下属定期

递交的工作反馈。员工考核及述职也可以在网络中实现。员工的工作地点已经不是很重要了，只要具备工作条件，他只需按计划去完成工作就可以了，员工的满意度将大大提高。

在线评估系统实时录入公司所有员工的评估资料，其强大的后台处理功能将出具各种分析报告，为公司的管理改进提供及时的依据。对于评估结果，系统自动根据权重改进评分进行统计，并将结果与薪酬以及人才培养计划挂钩。

（二）网络对员工培训的影响

网络时代，员工培训的形式更加多样化，已经不再是简单的“我说你听”。网络资源极其丰富，鼓励员工充分利用网络资源进行岗位培训，成为许多公司的一个培训方向。通过网络的形式进行员工培训，企业不单可以提高效率，更可以节约成本。企业的人才培训可以请专家来公司讲课，也可以让员工脱产外出学习，但这两种方法都是小范围的，而且费用较高，因此仅适用于公司高层人员；对于基层人员的培训，因人员较多，如仍采用上述方法，相应的费用较高，但以网络为基础的虚拟学习中心可以大大节约费用。通过开发远程教育系统，人力资源部门可以选择最好的、性价比最高的培训公司实施培训。

第四节　网络化人力资源实践

人力资源管理职能在下面几个领域可以采用网络化管理方式。

一、网络化招聘

与传统的招聘方式相比，网络化招聘的优势十分明显，其优势集中表现在以下几方面：

（1）扩大了招聘范围。互联网的全球性、交互性、实时性的特点，使企业有可能在世界上任何一台计算机终端上找到潜在的合格人选。

（2）增强了招聘信息的时效性。企业可以全天候地向潜在的应聘者发出招聘信息，而应聘者也可以随时随地与招聘企业联系，同时，企业可以根据需要及时更新招聘岗位，传递最新信息。

（3）降低了招聘成本。网络化招聘不受时间、地域、场所等条件的限制，供需双方足不出户即可进行直接交流。这样既可以节约传统招聘活动中的各项开支，又可以节省人力资源管理部门的精力和时间，企业还不必向“猎头公司”等中介组织支付高昂的服务费用。

二、网络化沟通

网络使企业的信息沟通更为快捷、广泛、有效，企业内部的信息交流、情感融合也更为通畅。组织可以在内部网上贴出各方面的情况介绍，还可以建立员工的个人主页，开设论坛、聊天室、建议区、公告区以及企业各管理层的公共邮箱。

网络化沟通方式有助于克服人际沟通过程中的一些人为障碍，使企业的上行、下行及横向沟通更为通畅，为企业员工参与管理、反映问题、发表评论和提出建议提供了更为方便的渠道和途径。这样的沟通方式有利于企业良好心理氛围的建立，有利于员工创造性、自主性、责任感以及自我意识的提高，有利于员工工作生活质量的提高。

三、网络化绩效考核

网络化绩效考核在一定程度上可以克服人际知觉和判断上的偏差。它可以远距离进行工作实绩和工作情况的客观评价，避免了人与人之间的心理影响，减少了考核中的主观因素，这对建立规范化和定量化的员工绩效评价体系，以代替以经验判断为主体的绩效考评手段有很大的作用，能使员工绩效考评更为公正、合理、科学。

参考文献

[1] 程豹，于晓彤，蒋建武．持续导向型人力资源管理量表开发与验证研究 [J]. 管理学报，2022，19（4）：534-544.

[2] 巩雅婷．企业人力资源管理 [J]. 口腔护理用品工业，2021（4）：60-61.

[3] 李蕾，全超，江朝虎．企业管理与人力资源建设发展 [M]. 长春：吉林人民出版社，2021：6.

[4] 彭良平．人力资源管理 [M]. 武汉：湖北科学技术出版社，2021：9.

[5] 王勇．人力资源法律风险防范体系 [M]. 北京：中国法制出版社，2021：6.

[6] 于芳，胡汉辉，吴应宇．"双一流"高校图书馆人力资源管理创新研究:《图书馆人力资源管理》荐读 [J]. 情报理论与实践，2022，45（12）：1.

[7] 庄宇韬．企业数字化人力资源管理探讨 [J]. 合作经济与科技，2023（4）：113-115.

[8] 顾琴轩，吴以琪，胡冬青．张弛有道：创新型企业承诺与控制融合的人力资源管理模式 [J]. 厦门大学学报（哲学社会科学版），2022，72（6）：13.

[9] 乔羽．论人力资源管理与人力资源管理者角色定位 [J]. 中外企业家，2021（5）：154.

[10] 李树文，罗瑾琏，梁阜．战略人力资源管理对产品创新影响的组态

效应 [J]. 科研管理，2022，43（9）：9.

[11] 秦仕刚 . 人力资源管理的意义和策略 [J]. 世纪之星（交流版），2021（33）：114-115.

[12] 韩宗义，鹿娜 . 体育志愿者人力资源管理实践与工作满意度，组织承诺的关系 [J]. 天津师范大学学报（社会科学版），2022（5）：7.

[13] 杨焕，卫旭华 . 关系型人力资源管理实践对受益人利他行为的影响：基于道德补偿的视角 [J]. 心理学报，2022，54（10）：1248-1261.

[14] 赵红丹，陈元华 . 社会责任型人力资源管理如何降低员工亲组织非伦理行为：道德效力和伦理型领导的作用 [J]. 管理工程学报，2022，36（6）：11.

[15] 安素朝 . 大数据分析技术对人力资源量化管理的影响：评《人力资源量化管理与数据分析》[J]. 科技管理研究，2022，42（11）：1.

[16] 陈钰瑶，刘业深，张正堂，等 . “理想”与“现实”的桥梁：人力资源管理执行研究述评 [J]. 管理学报，2021，18（12）：1881-1891.

[17] 宋昱漫 . 新时期企业人力资源管理机制的构建策略 [J]. 山西财经大学学报，2021（S01）：3.

[18] 李根强，于博祥，孟勇 . 发展型人力资源管理实践与员工主动创新行为：基于信息加工理论视角 [J]. 科技管理研究，2022，42（7）：8.

[19] 雷松松，袁玲艳，毕海平 . 人力资源管理战略与实践创新 [M]. 北京：线装书局，2022.

[20] 时桂丽 . 人力资源管理的 6C 模式 [J]. 消费导刊，2022（23）：113-116.

[21] 鲍宜周 . 战略性人力资源管理及其理论基础 [J]. 山西财经大学学报，2021，43（S02）：4.

[22] 李燕萍，李乐，胡翔．数字化人力资源管理：整合框架与研究展望 [J]. 科技进步与对策，2021，38（23）：10.

[23] 王震，姜福斌．人力资源管理计划，实施与感知的差异研究：一个整合模型 [J]. 经济管理，2021，43（10）：16.

[24] 唐春勇，李亚莉，赵曙明．发展型人力资源管理实践研究：概念内涵，量表开发及检验 [J]. 南开管理评论，2021，24（4）：85-95.

[25] 邱茜，李姝婷．数字时代公共部门的人力资源管理：机遇，挑战与应对策略 [J]. 中国行政管理，2021（12）：8.

[26] 陈韵婷．高校人事管理的现状与对策 [J]. 教育研究，2021，4（5）：204-206.

[27] 彭剑锋．人力资源管理概论：第 3 版 [M]. 上海：复旦大学出版社，2021：12.

[28] 张晶．人力资源管理与公共部门人力资源管理关系探讨 [J]. 前卫，2022（14）：168-171.

[29] 李进生，赵曙明．VUCA 时代人力资源管理模式创新的取向与路径：以“三支柱”模式为主线 [J]. 江海学刊，2021（5）：90-96.

[30] 刘昊鹏．人力资源管理研究述评 [J]. 大众商务，2022（7）：323-325.

[31] 杨敏杰．人力资源管理理论与实务系列教材：绩效管理 [M]. 上海：上海交通大学出版社，2021：12.

[32] 孙文亮．基于边际效用模型的最佳人力资源管理模型 [J]. 统计与决策，2019（2）：3.

[33] 杨添安，邓剑伟．卫生人力资源管理 [M]. 北京：中国财政经济出版社，2021：11.

[34] 张翼 . 酒店人力资源管理初探 [J]. 现代职业教育，2022（1）：106-108.

[35] 静周 . 基于职业能力为导向的人力资源管理教学模式研究 [J]. 教育研究，2019，2（1）.

[36] 尚志华 . 社区人力资源管理探索 [J]. 市场周刊（理论版），2022（21）：179-182.

[37] 郑惠珍，杨保军，蒋定福 . 人力资源管理实务 [M]. 北京：经济管理出版社，2021：11.

[38] 赵源 . 地方政府人力资源管理系统对政府绩效的影响研究 [J]. 行政论坛，2018，25（5）：124-130.

[39] 武新慧 . 人力资源管理：人才的管家 [J]. 考试与招生，2022（5）：39-40.

[40] 杨少杰 . 人力资源管理演变 [M]. 北京：中国法制出版社，2021：9.

[41] 张诚 . 知识经济下人力资源开发与管理的十大趋势 [J]. 江西社会科学，2001（10）：193-195.

[42] 李佳明，钟鸣 . 21 世纪人力资源管理转型升级与实践创新研究 [M]. 太原：山西经济出版社，2021：8.

[43] 张萌 . 基于胜任力的人力资源管理研究 [J]. 环球市场，2023（2）.

[44] 施杨，赵曙明，张宏远 . 共享经济时代人力资源管理模式转型：现实诉求，理论框架与建构路径 [J]. 江海学刊，2022（5）：9.

[45] 肖兴政 . 人力资源开发实务 [M]. 北京：科学出版社，2021：7.

[46] 袁泉 . 人力资源管理在企业中的作用 [J]. 管理学家，2023（1）.